日経文庫
NIKKEI BUNKO

アサーティブ・コミュニケーション

戸田久実

日本経済新聞出版

はじめに

「心理的安全性を実現するには、どうしたらいいのだろう?」

「『パワハラ』と言われないか怖くて、気になることがあっても、うまく伝えることができない」

「対話力を磨いて、お互いに気持ちのいいコミュニケーションをとりたい」

わたしのもとには、日々、こういった相談が寄せられます。

コロナ禍で働き方が大きく変わりました。加えて、2022年4月には、大企業に続いて中小企業にもパワハラ防止法の範囲が広がり、とくにマネジメントを担う立場の人々には、ますます対話力が求められるようになってきています。

そういった環境下で注目を集めているのが、「アサーティブ・コミュニケーション」です。

アサーティブ・コミュニケーションは、お互いの立場や主張を大切にした、自己主張・自己表現のこと。1950年代に、アメリカの心理学者ジョゼフ・ウォルピが開発した「行動

療法」という心理学療法のひとつです。開発された当時は、主に、

●自己表現が下手で社会的な場面が苦手な人

●対人関係がうまくいかないことで悩んでいる人

のカウンセリング方法として実施されていました。

その後、1970年代から1980年代のアメリカで起きた、人種や性の差別に対する人権回復運動のなかで、コミュニケーションの訓練法として広がりを見せ、日本では1982年に平木典子先生が日本・精神技術研究所でトレーニングを開始（『改訂版 アサーション・トレーニング』平木典子著／金子書房）。やがて新しいコミュニケーション法として、注目されるようになりました。

アサーティブ・コミュニケーションをテーマにした研修は、20年以上前からニーズがあり、わたし自身も通年での依頼の多いテーマです。とくに、ここ2、3年は、パワハラ防止対策・心理的安全性の実現のための方法として需要が高まっています。

研修では、

●自分が感じたこと、思っていることを率直に相手に伝えることができる

●自分や相手の感情に振り回されたり、相手や自分を責めることなく表現することができる

●相手と自分の価値観に相違があったとしても、耳を傾け話し合う姿勢をもてる

といったことを目指しています。

「相手に伝える」ために必要なスキルは、言葉や表現だけではありません。

本書では、相手に対して心のなかで対等な向き合い方ができているのか、思い込みに影響されたり、怒りという感情によってゴールを見失ったりしていないかという、マインド面についても取り上げていきます。

また、コミュニケーションのトレーニングでは、知識を入れるだけでなく、実際のシーンを想定して、ロールプレイングなどの練習も行います。

実際に、ロールプレイングを行った受講生からは、

「多様化する時代に合わせ、コミュニケーションのとり方も柔軟に対応していかなければならないと思った」

「昔ながらの上下関係を盾にしたコミュニケーションではなく、心のなかでは対等に向き合

うことが重要なのだと理解できた」

「伝え方、向き合い方を変えたことで、相手の反応にも変化がみられ、関係性がよくなった」

「自分の伝え方のクセやネガティブな思い込みに気づくことができた」

といった声をいただいています。

こちらが相手との向き合い方を変えれば、相手の受けとめ方も反応も変わり、コミュニケーションのゴールも変わっていくものです。

ある企業研修で、こんな気づきを発言した人もいました。

「長年染みついたコミュニケーションのクセを変えられるということは、わたしたち組織も変われるし、変わらなければならないと思った」

パワハラ防止法の施行もひとつのきっかけとなって、現在ではどの企業でも当たり前のようにコミュニケーションスキルが求められるようになってきました。ありがたいことに拙著『アンガーマネジメント』（日経文庫）は、多くの人にお読みいただいています。

アンガーマネジメントは、1970年代にアメリカで開発された怒りと上手に付き合うための心理トレーニング方法で、怒らないようになるためのものではなく、怒る必要のあることには適切な怒り方ができ、怒る必要のないことには怒らないようになることを目指します。

アメリカでのアンガーマネジメントトレーニングでは、相手に伝える表現を身につけるために、アサーティブ・コミュニケーションのスキルと考え方が取り入れられています。

じつは、研修を実施すると、

「アンガーマネジメントができるようになったあと、具体的にどのように相手とコミュニケーションをとればいいのでしょうか？」

「怒る必要があると判断したときに、実際にどう表現したらいいのかわかりません」

といった相談をいただくことも多く、本書も、拙著『アンガーマネジメント』の次のステップの本として必要だという声から生まれました。

現場ですぐに活かせるよう、たくさんの人が直面する悩みや事例を数多く取り上げ、具体的な対処法をあますことなく紹介していきます。

立場の違いがあっても、心のなかでは対等に、お互い尊重し合いながらコミュニケーションをとることができるものです。アサーティブなコミュニケーションが身につくと、自分もラクになり、チームや組織の結束が自然と増していくことになるでしょう。

コミュニケーション能力は、トレーニングで身につけられるものです。

本書が、その一助になれば、とても嬉しく思います。

ぜひ、対話力を磨いて、風通しのよい人間関係を目指しませんか？

2022年7月

戸田　久実

アサーティブ・コミュニケーション　目次

第2章　アサーティブになるための準備　59

第3章 アンコンシャスバイアスの影響に気づく 97

第4章 アサーティブな表現のポイント

第5章 ケース別対応例

第1章

アサーティブ・コミュニケーションとは

1 なぜアサーティブ・コミュニケーションが重要なのか
～心理的安全性を実現するために～

組織の生産性を上げる「心理的安全性」に注目が集まっている

「心理的安全性」という言葉を、よく耳にするようになってきました。

心理的安全性とは、組織のなかで自分の考えや気持ちを、誰に対しても安心して発言できる状態のことをいいます。Ｇｏｏｇｌｅ社が、２０１２年から２０１６年にかけて大規模労働改革プロジェクトを実施し、その研究の成果として、

「心理的安全性は、組織の生産性を上げるために欠かせないものである」

ということが結論づけられ、多くの企業から注目され始めました。エイミー・エドモンドソン教授、石井遼介さんらによって、心理的安全性についての多数の書籍も出版されています。

昨今では、価値観が多様化してきました。

一括採用・終身雇用・年功序列という働き方から、複数の組織でキャリアを重ねる形も一般化しはじめ、いまや、多くの人が日々さまざまな価値観に囲まれて働いています。

このような背景も重なり、心理的安全性が重要であることが急速に広まっていったのです。

対等な関係性の環境をつくることが、心理的安全性につながる

では、心理的安全性を実現させるために必要なものは何だと思いますか？

それは「コミュニケーション力」です。

多くの人が、お互いによりよい関係を築いていくために、どういったしくみをつくったらよいのか、頭を悩ませています。

そこでひとつの大きな対応策として、相手も自分も大切にした自己表現である「アサーティブ・コミュニケーション」の考え方やスキルを取り入れようとする組織が増えてきました。

本書では、ただ伝え方の「スキル」をお伝えするだけではなく、わかり合える関係を築くためにどのような「マインド」で人と関わればよいのかということについても解説していきます。基本的に、アサーティブ・コミュニケーションでは、

- もし、お互いの考えや意見や価値観が違っても、相互尊重・相互信頼をもとに建設的な議論ができる
- お互いが正直に、率直に忖度せずに伝え合う
- 違いがあったとしても、対等な姿勢で対話ができる

というマインドを持つことを大切にしています。

次節以降でさらに詳しく解説していきましょう。

アサーティブ・コミュニケーションで心理的安全性を実現する

「わたしがこんなことを言ったらおかしいのではないか」
「こんなわたしの考え方は間違っている」
「わたしの立場でこんなことを言ったらバカにされる……」
このような心持ちは、対等な対話を阻む要因になってしまいますが、アサーティブ・コミ

ユニケーションにもとづいたマインドやスキルを身につけることで改善されるため、職場でも活発な意見が交わされるようになるでしょう。

アサーティブ・コミュニケーションは、組織やチームが心理的安全性を実現するために、とても有効な方法なのです。

2 情報共有だけでなく、感情や価値観のすり合わせが必要な時代

1on1ではアサーティブ・コミュニケーションが求められる

上司と部下とのコミュニケーションの場面で1on1ミーティングを導入する組織も多くなってきましたが、1on1にも、アサーティブの考え方とスキルが必要です。

マンツーマンで話をするときには、上司が部下の本音を引き出し、悩みや課題に感じていることを共有してもらったうえでアドバイスをするわけですが、どうしても上下関係が関わってくるため、上司が上から目線でアドバイスをしてしまったり、持論を語ってしまったりすることがあります。

こうなると、せっかく話し合いの機会を設けても、部下が過度に遠慮して、「伝えたいことをうまく言えなかった……」ということになってしまうわけですが、こういったそもその1on1の目的から外れた現象が、現場で起きているのです。

上司と部下でありながらも、お互いに伝えたいことを対等な目線で伝え合うことができる「アサーティブ・コミュニケーション」の技術は、上司の立場のみならず、部下の立場でも、いま、必要とされているスキルです。

コミュニケーション=単なる情報共有ではない

リモートワークが主流になってから、チャット機能やメールを使って、報告、連絡の情報のみを共有している企業も多くみられるようになりました。ただ、これではコミュニケーションは不十分です。

なぜなら、日常で誰かと関係性を築くとき、相手がいまどんな気持ちでいるかということを想像し、ポジティブなこともネガティブなことも率直に共有することが、心の距離を近づ

けることになるからです。本来、職場では
「いまはこの仕事を抱えていて、どうしたらいいのか困っている」

「取引先から○○と言われて心配している」

「いま、体調を崩していて、とても疲れている」

と感じていることはもちろん、

「こういうことを大切にしている」

といった価値観に関わることも、対話していくなかで、すり合わせることが重要です。

コミュニケーションツールにオンラインや、チャット、メールが多く使われるようになり、報告・連絡などの情報共有のみでは心の距離を縮める機会が少なくなってしまっています。

　実際に組織の研修を担当する際、リモートワークになってからは、

「『こんなことを言われて嬉しかった』『お客様にこう言われてラッキーだと思った』『これが心配で……』といった、ちょっとしたことを共有できたらいいのだけれど、どう言っていいのかわからない……」

という相談が増加しているほか、孤立感や寂しさを感じてしまっているという声も耳にします。

些細なことでも、感じたことを率直に伝え合うということは、リモートワークが進む時代だからこそ必要なのかもしれません。意識して対話していきたいものですね。

3 自分自身の自己表現の仕方を振り返る

攻撃的な自己表現

アサーティブな自己表現のほかに、攻撃的な自己表現、非主張的な自己表現があります。あなたはどの自己表現をすることが多いのか、どの場面で、どの表現をすることがあるのか振り返ってみましょう。

まず、攻撃的な自己表現とは「相手を抑えて自分の言いたいことを通す自己表現」です。解決に向けて相手と話し合ったり、対話をしたりするのではなく、自分が優位に立つために相手をコントロールし、ねじ伏せようとします。この場合、

「コミュニケーションのゴールは勝つこと」と思う傾向があり、相手の意見や考え、要望が自分と違うとわかった瞬間に攻撃的になる人も……。

普段、次のような表現をしてしまってはいませんか？

- 自分の言いたいことを一方的に言い、押しつける
- 自分の言いたいことを通すために、威圧的・感情的な態度をとる
- 相手の話、気持ちには耳を傾けない、理解しようとしない
- 理詰めで追い込む（相手が反論できないように、外堀を埋めて論破しようとする）
- 思い通りにならないと、声を荒げて「いいからやれ！」と威圧的に相手を抑え込もうとする
- 「こちらの言うことが聞けないのか」とポジションパワー（職位など）をちらつかせて、コントロールしようとする
- 「これは決まりですから！」と、説明を抜きにして、制度を盾にしてねじ伏せようとする

また、部下や後輩を叱る（注意する）ときには、感情的に怒鳴ったり、「前回も同じようなミスをしたよね？」「前も謝って気をつけると言っていたけれど、それから気をつけた？　注意が足りていないから何度も繰り返すと思わない？」と、反省している相手を追い詰め、相手を打ち負かす表現をすることも攻撃的な自己表現に当てはまります。

また、思い通りにならないときに、八つ当たりをするケースもあります。たとえば、部屋を出ていくときに大きな音を立ててドアを閉める、物を蹴る、書類を叩きつけるといった行動のほか、聞こえるようにため息をつく、舌打ちをする、音を立てて仕事をするなど、相手が気にするような行動をとってしまう人も……。

このような関わり方をすることで、自分の思い通りに物事が進むこともあるかもしれませんが、多くの場合、相手を萎縮させ、反発心を抱かせてしまいます。

これでは相手との信頼関係を築けず、職場の心理的安全性を実現させることはできません。

受身的攻撃とは間接的に相手が困るように攻撃をすること

「受身的攻撃」という言葉をご存知でしょうか？

英語では「パッシブアグレッシブ」とも言われていて、パッシブは「受け身」、アグレッシブは「攻撃」を指し、日本語としては矛盾する言い方ですが、「受け身的な攻撃」という意味を表します。

直接相手に攻撃的な言動をしない「受身的攻撃」にはさまざまなものがあり、

- 頼まれたことをすぐにやらず、期限を遅らせて迷惑をかける
- 誰かの足を引っ張るようなことをしてチームを乱す
- 陰口を言う
- 何かを頼まれたときに、「ちょっと忙しいので困るんですよね」とわざとため息をついたり、いつまでも不機嫌そうに仕事をしたりする
- 物に八つ当たりをする（例）パソコンで仕事中、大きな音を立ててキーボードを打つ

- 意図的に無視をする、口をきかない
- 会社を辞めるときに何も引き継ぎをしないで、残された人たちに迷惑をかける

……こういった行動は、すべて受身的攻撃に当たります。こういった振る舞いをする人は、一見攻撃的には見えないのですが、攻撃的な自己表現に該当します。

仕事だけではなく、プライベートな場面でも、家事をしないパートナーに不満がある場合、

「お皿を洗うのを手伝ってほしい」

と伝えることが必要ですね。

ところが、「察してくれないあなたが悪い」と心のなかで相手を責め、

「わたしも仕事から帰ってきて、食事の支度をして疲れているのに、なんでテレビなんて観ているの？　信じられない！　普通、言わなくても手伝うべきだよね！」

という気持ちを、不機嫌そうにしたり、ため息をついたり、大きな物音で作業することで、表現したりすることも……。

言葉がなければ、相手はなぜ不機嫌になるのか、正確に理解できません。言葉なく責めら

れることが何度も繰り返されると、相手は

「面倒な人だな……」

「できれば関わりたくない……」

と感じるものです。やがて付き合いを最小限にしようと避けていくでしょう。

また、こういったタイプの人は、職場に不満を持って辞めるケースが多いのですが、

「こういうところが不満でした」

と直接的には言わず、人間関係をめちゃくちゃにして、自分が辞めたあとで皆が困るような辞め方をすることも多くみられます。

そうすると、まわりの人たちは、

「わたしたち、何かした?」

「この人が不機嫌になったのは、わたしたちが原因なのだろうか?」

と、罪悪感を抱き、後味の悪い思いをします。これも受身的攻撃をする人の狙いのひとつです。たとえ本人が意図していなくとも、このような表現は、すべて相手を傷つける攻撃的なコミュニケーションにあたるのです。

でも、このような関わり方を続けていては、真の信頼関係を築けません。

相手に自分の意見を主張することは、攻撃的にならなくてもできます。

もし思い当たる場合には、コミュニケーションのゴールを見直して、ほかの表現の仕方を身につけていきましょう。身近なところにこのような表現をする人がいる際には、本書にて、どう関わったらいいかを解説する項目もありますので、このあとのページをご覧いただければと思います。

非主張的な自己表現

非主張的な自己表現とは、「自分を抑えて相手を立てる自己表現」を指します。

「こんなことを言ったらどう思われるかが気になる」

「波風を立てたくないから言わないでおこう」

「どうせわかってもらえない」

「どうせ、わたしはうまく伝えられない」

このような思い込みから、言いたいことを率直に言えないということはありませんか？

非主張的な表現には、次のようなものがあります。

●過度にへりくだる表現や、自己防衛的な言い訳をする
●遠回しな言い方をする
●言いにくいことを語尾まで言わない
●我慢が重なると爆発することがある

このような表現をする人は、言いたいことが言えず、言ったとしても相手に伝わらないためストレスを感じていることが多いのではないでしょうか。

たとえば、上司から書類整理を命じられた際、別の先輩社員から
「どこに何があるかわからなくなるから、勝手に動かさないで」
と怒られてしまったとします。そのとき、相手の剣幕に圧倒されて、上司の指示があったことを言い出せず、その思いがしこりのように残ってしまう。そしてあとから
「なぜあそこまで言われなくてはいけないのか」
という怒りに変わり、その先輩を嫌いになってしまう……。

こういった経験をする人が少なくありません。

非主張的な自己表現をしがちな人の多くは率直に伝えることが苦手ですが、その表現の仕方には特徴があります。一例を挙げれば、依頼した仕事の期日を過ぎている人に対して言葉を投げかけるとき、「期日は守ってほしい」と率直に言えずに、次のような表現をしてしまいがちです。


〈遠回しな言い方をする〉

「依頼した資料の作成だけど、いまどの程度進んでいるの？」

「忙しいと思うから、どんな感じかなと思って」

「急かしているわけではないので、気にしないでね」

「期日が過ぎているから、どの程度まで進められたかなと思って……」


〈語尾まで言わない〉

「○○さん、この前依頼した資料、期日を過ぎているんだけど……」

いかがですか。このような表現をしている人は、自分の言いたいことを率直に相手に伝えられないため、ストレスを溜めてしまいがちなのです。

相手に注意する、叱るときのネガティブな思い込み

とくに「怒り」に関しては、次のようなネガティブな思い込みを持っている人もいます。

- 怒ることはみっともない、悪い、大人気ない
- 相手を傷つけてしまう
- 相手との関係を悪くしてしまう、嫌われる

こういった思い込みを持っている人ほど、誰かを叱る場面や、やめてほしいと思うことを伝える際に、ネガティブな想像を抱いてしまいがちです。


「注意したり、叱ったりしたら、嫌な顔をされるのでは？」

「相手との関係が悪くなったらどうしよう……。反発されたらどうしよう……」

「『こんな些細なことで怒っているの？　こんなことまで気にするの？』と思われたら嫌だ」

「わたしはこういう場面ではうまく伝えられないに違いない……」

勝手にネガティブな想像を膨らませて、非主張的な表現をしてしまうのです。

でも、これらの想像は思い込みにすぎないことも多々あります。怒ること自体悪いことではありません。適切な表現の仕方をすればいいのです。このようなネガティブな思い込みを手放せるようになると、コミュニケーションの取り方もガラッと変わるでしょう。

「適切な表現ができれば相手に伝わる」

そう信じて相手と向き合うことも、コミュニケーションでは大切なのです。

自分や相手を責めたり、感情をぶつけない

非主張的な表現をする人は、

「あのときこう言っておけばよかった」

「なんでうまく伝えられないのだろう」

と自分を責めてしまうところもあります。このクセは少々厄介で、自分を責める気持ちが心に溜まっていくと、

「どうしてあの人はわかってくれないんだろう！　察してくれればいいのに！」

「あなたのことを思って言わずにいたのに！」

と次第に心のなかで相手を責め始めることに……。やがて我慢が爆発して、ある日突然

「なんでわかってくれないんですか⁉」

とこれまでの我慢や怒りを感情的にぶつけてしまう人もいます。

こうなってしまうことのデメリットは、相手に

「なぜこうなったのか、何を伝えたかったのか」

という一番大事な部分が伝わらないことです。

ほかにも、理性が働いて職場で当事者に怒りを爆発させることは避けられても、その怒りを八つ当たりしやすい人にぶつけてしまうというケースもあるので要注意です。

本当の「いい関係」とは、何がOKで何がNGなのかを伝え合える関係であること。

我慢をして、自分を責めたり、相手を責めたりしないコミュニケーションを身につけていきましょう。

「こんなことを言ったらどう思われるのか」という不安で非主張的になる人へ

「こんなことを言ったらどう思われるんだろう……」と常に不安になり、相手に率直に言えないことが続くと、本人はもちろん、まわりの人にもストレスが溜まっていきます。

実際、わたしが研修時、非主張的な表現をされたらどう思うかを受講者に尋ねたところ、次のような回答が返ってきました。

- 「率直に言ってくれればいいのに……」と思う
- 何が言いたいのかがわからずに戸惑ってしまう
- 「で？　何が言いたいの？」とイラッとしてしまう
- イライラして相手に詰め寄ってしまうかもしれない
- こちらが優位に立って、コントロールできそうだなと思う
- 「わたしがこうさせているのかな？　信頼されていないのかな？」と悲しくなる
- こちらに察してもらおうという気持ちが見えて、ずるいと感じる

……これらの回答をまとめると、非主張的な人の多くが

「相手との関係を壊したくないがために、場を配慮して非主張的な表現をしている」と考えているのに対し、周囲はそう受けとっていないということです。

非主張的な表現は相手に気をつかわせ、困惑させ、イラッとさせてしまうこともあります。かえって相手を攻撃的にしたり、相手にマウンティングさせてしまったりする原因にもなっているのです。

「表現を改善したら、相手とのやりとりが変わった」という声が研修でも非常に多いので、心当たりのある人は、アサーティブな言い方のトレーニングを重ねたほうがいいでしょう。

アサーティブな自己表現

アサーティブな自己表現とは、お互いの主張や立場を大切にした自己表現をすること。

自分が感じたこと、思っていることを、率直に、正直に、相手や自分を責めることなく伝える表現です。アサーティブが具体的にどういった表現をするのかということは、このあと本書を通してお伝えしていきます。

●３つの自己表現

アサーティブな自己表現	=お互いの主張や立場を大切にした自己表現 ↓ 相手と相互尊重・相互信頼を築ける
攻撃的な自己表現	=相手を抑えて自分の言いたいことを通す自己表現 ↓ 相手を萎縮させる、反発心を抱かせる
非主張的な自己表現	=自分を抑えて相手を立てる自己表現 ↓ 相手に気をつかわせる、イラッとさせる

ここまでで、アサーティブ、攻撃的、非主張的の３つの自己表現について解説しました。普段自分がどのようなコミュニケーションをとっているか、客観的に見ることができているでしょうか？

アサーティブ・コミュニケーションでは、自己認識ができることを大切にしています。

意識してみると、

「いま、とても嫌なコミュニケーションをとってしまったな」

と感じることもあるのではないでしょうか。

そんなときは、まず自覚することが、改善の糸口になります。

もし言える相手であれば、気づいたときに、

「さっきはちょっとイラッとしちゃった。ごめんね」

と伝えてみましょう。意識して、気づいたあとの行動を変えていくことから、コミュニケーションは変わっていきます。

また、人はひとつのタイプの自己表現しかしないというわけではありません。たとえば、ある50代の男性がわたしの研修を受講したときに

「家では妻が怖くて非主張的、外では攻撃的だな」

とご自身を振り返っていたことがありました。職場でも、上司には非主張的、部下には攻撃的という人もいるでしょう。このように、相手や状況次第で自己表現が変わる人は多いものです。

完璧な人間はいないので、いつでもどこでも誰に対してもアサーティブな人というのはなかなかいないものです。大切なのは、どういう相手や状況のときに、どのような自己表現をしているのか、自己認識ができていることです。ぜひご自身のことを振り返ってみてください。

4 アンガーマネジメントとの関係

アンガーマネジメントにもアサーティブ・コミュニケーションが必要

アンガーマネジメントとは、1970年代にアメリカで開発された、怒りと上手に付き合うための心理トレーニングのことです。

ここでいう「怒りと上手に付き合う」とは、怒ってはいけないということではなく、

- 怒る必要のあることには適切な怒り方ができる
- 怒る必要のないことには怒らないですむようになれる

ということを目指します。このような、適切な怒り方ができるようになるためには、アサーティブコミュニケーションのスキルと考え方が必要になるのです。

アメリカに本部を置くナショナルアンガーマネジメント協会で15名しか選ばれていない最高ランクのトレーニングプロフェッショナルに、アジア人でただひとり選ばれ、一般社団法人日本アンガーマネジメント協会の代表理事も務めている安藤俊介さん曰く、アメリカでの

アンガーマネジメントのトレーニングには、アサーティブ・コミュニケーションが含まれているとのことです。

怒りは溜め込まず、上手に出す

人は、怒りという感情が絡むと、本来の目的を見失い、本来伝えたかったことからずれてしまうことが多々あります。

次のような経験はありませんか？

●イラッとして感情的にやり返す
●売り言葉に買い言葉のようになってしまう
●余計なことを言う、つい言いすぎてしまう
●わかってほしいこと、伝えたいことがあるはずなのに論点がぶれてしまう

その結果、

「あんなことを言わなければよかった」

と後悔し、自己嫌悪や罪悪感を抱いてしまう人も多いのです。

また、怒りを感じたことに対して、表現し慣れていなかったり、怒ることはよくないことだと思い込んでいたりする人は、イラッとしたことも、ぐっと自分のなかに抑え込んでしまいがちです。

「『あのとき言っておけばよかった』と後悔しているものの、いまさらどう伝えていいのかわかりません……」

「言われたこと、されたことに怒りを感じていますが、悶々と怒りを溜めてしまいがちです……」

という相談も、あとを絶ちません。逆に、自分のなかで怒りをうまく扱えるようになると、自然と健康的な人間関係を構築できるようになるでしょう。

そのためにも、アンガーマネジメントとアサーティブ・コミュニケーションの両方を身につけることが必要なのです。

怒りを扱えるようになると、ほかの感情の整理もうまくいくようになるはずです。

5 アンガーマネジメントの手法を取り入れる

「思考のコントロール（三重丸）」方法で線引きをする

アンガーマネジメントでは、「怒る必要のあることには上手に怒り、怒る必要のないことは怒らないようになれること」を目指しています。

怒りと上手に付き合うには、まず、怒る必要のあることとないことの線引きが重要です。

そもそも、なぜ怒りが生まれるのでしょうか。

怒りとは、自身の「べき」が思う通りにならないときに抱く感情です。「べき」とは自分の理想、願望、期待、譲れない価値観を象徴する言葉のことです。怒る必要のあること、ないことの線引きを明確にすることは、怒りを扱ううえでとても重要になります。

怒りを感じたことを表現する際は、「～してほしい」というリクエストとして伝えましょう、とアンガーマネジメントでは伝えています。怒りを表現する場面以外、たとえば

●思考のコントロール（三重丸）

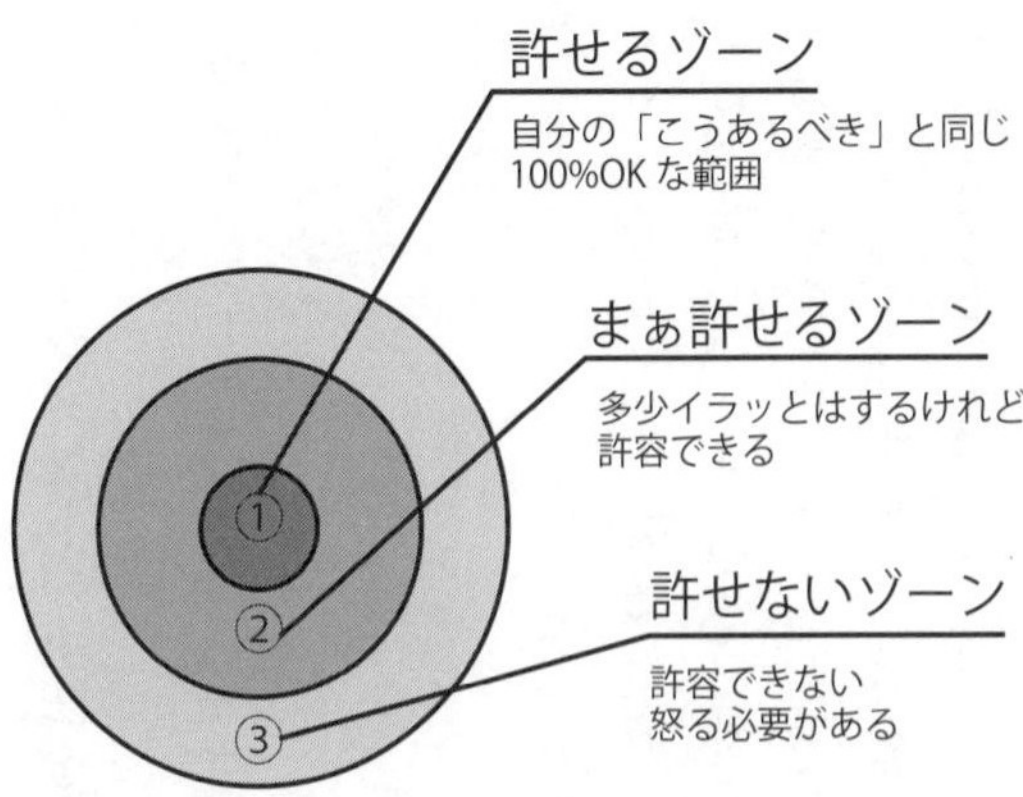

出典：日本アンガーマネジメント協会

「相手にこうしてほしい、こうあってほしい」

と伝える際にも、何を、どこまで伝えるのか、日頃から悩んでいる人も多いのではないでしょうか？

「どうしてほしいと思っているのか」

「どこまでがOKでどこからがNGなのか」

を関わる人に伝える際には、「思考のコントロール（三重丸）」という手法を使って、線引きのポイントを明確にするといいでしょう。

①　許せるゾーン…自分の「こうあるべ

き」と同じ。100％OKな範囲

②　まぁ許せるゾーン…①に当てはまらないので、多少イラッとはするけれど、許容できる

③　許せないゾーン…許容できない。怒る必要がある

アンガーマネジメントでは、②と③の間の境界線が、怒る必要のあることと、ないことの境界線と考えます。

ここを明確にするために、まず②の範囲を設けましょう。①のみしか許容できないとなると、許容範囲が狭く、当てはまらないことが多くなるためイライラしがちになるのです。

「せめて○○だったらOKにする」
「少なくとも○○はしてほしい」
「最低限○○であればよしとする」

というように、「せめて」「少なくとも」「最低限」という言葉で、「②まぁ許せるゾーン」を設けることを検討しましょう。

このとき、「ちゃんと」「しっかり」「早めに」「丁寧に」という言葉を使わないようにしてください。境界線を曖昧な表現にすると、正しく共有できなくなってしまいます。

なかには、自分自身の機嫌や気分で境界線がぶれてしまう人もいます。

だからこそ、

●何をしてほしいのか、何を望んでいるのか

●どこまでならOKで、どこからをNGとするのか

●言うか、言わないか

をジャッジするために、この三重丸を使って境界線を明確にする必要があります。

もしも②にするか、③にするかで迷ったら、後悔するかしないかをジャッジの基準にしてください。

また、アサーティブには「言わない」という選択もあります。

後悔をしないのであれば、

「言わなくてもいいな。今回は言う必要はないな」

と決断してもいいのです。

この境界線については、自分の責任において判断することが重要です。決断したあとの結果については、誰のせいにもしないようにしましょう。

三重丸を使って思考を整理する

実際にあった、ある企業の営業部の30代後半の男性・Aさんの事例をご紹介しましょう。

交代でリモートワークを行っていて、チーム内での情報共有は社内チャットを使っているというAさんから、次のような相談がありました。

「日頃はそれぞれの営業先に出かけ、皆で顔を合わせることがないからこそ、情報共有が大事だと思っています。それなのに、8人いるメンバーに対してチャットで営業先の情報を共有しても、『いいね』しか押されません。とくに営業先の情報の共有をしたら、それについて意見を交わすべきなので、『いいね』だけの反応はあり得ないと思っています」

と言うのです。

ただ、確認したところ、このことをAさんはメンバーには伝えていませんでした。

言わずにいることでストレスが溜まっている様子だったので、まず最初に、三重丸で相手へのOK・NGの境界線を検討してもらいました。

① チャットにて共有した情報に対して、自分の意見かアドバイスがある

② 忙しくてアドバイスや意見が入力できない日、タイミングもあると思うけれど、せめて「共有ありがとう」「わたしもやってみます」といった短いメッセージでいいので、何か言葉を返す

③ 無反応、または「いいね」のみ

このように分けることで、頭のなかが整理されていくのです。

そこからさらに、アサーティブに周囲の人に伝えるには、

× 「チャットに営業情報の共有をしたら、ちゃんと反応を返してほしい」

というような抽象的な表現ではなく

○ 「提案があります。チャットにて営業先の情報共有をしたら、皆の意見かアドバイスを返してほしいのです。忙しいときもあると思うので、せめて『ありがとう』『やってみます』というように、ひと言でもいいので何らかの言葉を返してくれたらと思っています。無反応や『いいね』だけというのは、なしにしようということを言い

たかったんです」

このように伝えるといいでしょう。

Aさんは、実際に◯の表現例をミーティングで伝えることができたことで、まわりの人の行動も変わっていったそうです。

このように、自分の「こうしてほしい」という願いを相手に伝える際には、この三重丸で整理すると、周囲にも要望が届きやすくなるでしょう。

アンガーログ（怒りの記録）をつける

先ほどの三重丸のほかに、怒りを感じたことを書き出すことも有効です。アンガーマネジメントでは、下記の項目で書き出して記録する「アンガーログ」をおすすめしています。

- いつ
- どこで
- 何に対して怒りを感じたのか
- そのときどう感じ、どう思ったのか

これによって自分の怒りの傾向、パターンが客観的にわかります。

アンガーログを通じて、そのときどうしてほしかったのか、どう思ったのかを言語化して整理するうちに

「○○してほしかった、こう思った」


ということを、相手に伝えられるようになった人も大勢います。

実際にアサーティブ・コミュニケーションの研修では、ロールプレイング実習をする前に、伝えたいことを書き出して整理するところから取り組んでいただくのですが、

●誰に、何を伝えたいのか
●どうしてほしいのか
●それはなぜなのか

……を最初に書き出しています。

アンガーログのように怒りを感じたことだけではなく、何を伝えたかったのかという目的や理由、背景にある事情なども書き出しましょう。そうすることで、状況を俯瞰して見ることができ、頭のなかも整理できるようになります。

まず自分自身が言いたいことをわかっていないと、相手にわかってもらうことは難しいものです。とくに、自分が怒りを感じていることについては、その怒りに振り回されることなく、わかってもらいたいことを整理して、伝えるようにしましょう。俯瞰することは、怒りを上手に扱うためにも重要なことなのです。

このように、伝えたいことを明確にすることで、表現の仕方が変わり、相手への伝わり方も変わっていくでしょう。

ポイント

☑**アサーティブ・コミュニケーションで実現できること**
- 心理的安全性のある職場づくり
- 1on1やリモートワークでの良好な関係性づくり

☑**アサーティブ・コミュニケーションとは**
- 相手も自分も大切にした自己表現
- アサーティブになるには、スキルのみではなく相手との向き合い方も重要
- 「言わない」という選択もあり

☑**3つの自己表現**
- 攻撃的な自己表現・非主張的な自己表現・アサーティブな自己表現
- どの表現をどの場面でしているのか、自己理解が重要

☑**攻撃的な自己表現**
- 相手を抑えて自分の言いたいことを通す自己表現
- コミュニケーションのゴールを勝つことにしていないかを振り返る
- 間接的に相手が困ることをする、受身的攻撃も含む

☑**非主張的な自己表現**
- 自分を抑えて相手を立てる自己表現
- 非主張的な表現を繰り返すと、相手を攻撃的にしたりイラつかせることになる
- ネガティブな思い込みを手放すこと

☑**アンガーマネジメントとの関係**
- 適切な怒り方をするためにはアサーティブの考え方とスキルが必要
- 怒りが絡むと本来の目的を見失いやすい
- アンガーマネジメントの三重丸で、「言う・言わない」の境界線を整理する

第2章

アサーティブになるための準備

1 相手をコントロールしない、過度な謙遜をしない

「対等」なコミュニケーションとは？

お互いの意見を尊重しながら、意見を主張するアサーティブなコミュニケーションスキルは、これからの時代にどんどん求められていくようになるでしょう。

アサーティブになるために欠かせないのは、相手と対等な気持ちで向き合うことです。

とくに組織の場合は、役職の違い、立場やキャリアの違い、スキルの有無、知識の浅さ深さ……といった上下関係が明確にわかっている分、コミュニケーションをはかる際には、対等の関係を意識することが何よりも大切なのです。

とはいえ、ここでお伝えしたい「対等」とは、立場の違いを越えてなれなれしい言葉を使うことではありません。

立場が上の人、キャリアの長い人に対して、

- 意見を言ってはいけない

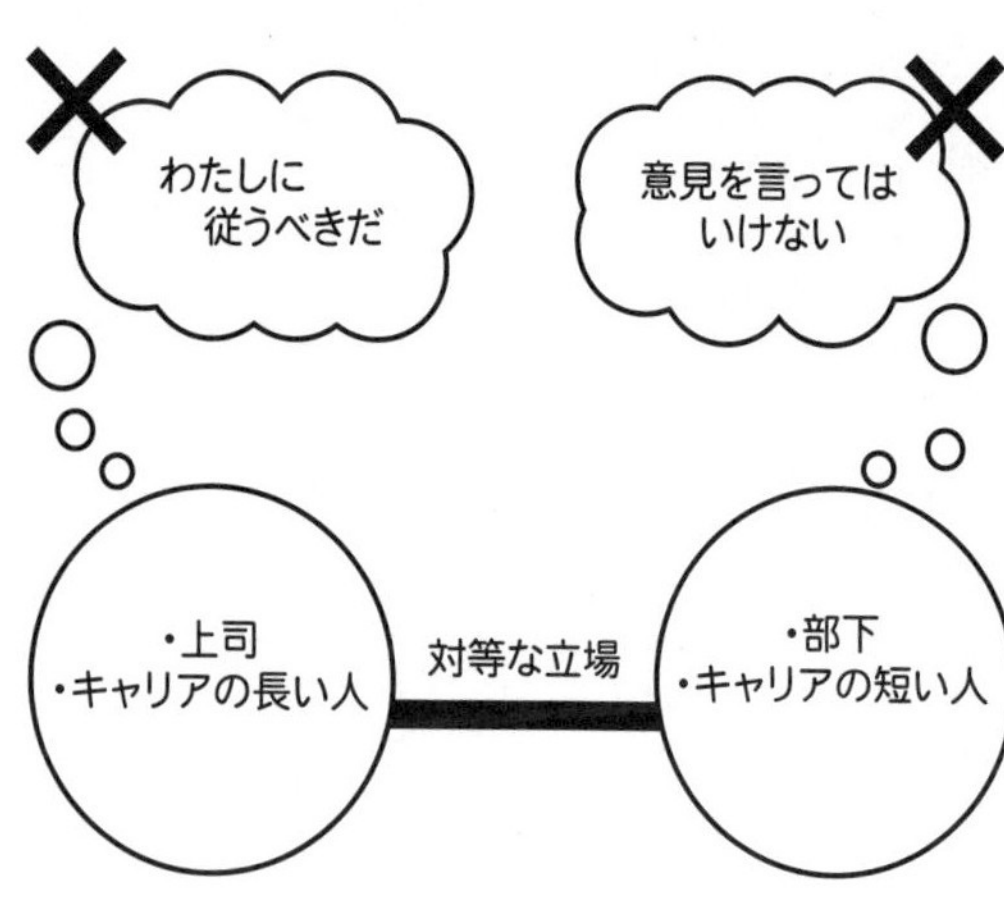

●疑問や反対意見を言ってはいけない
●改善要求をしてはいけない

こういった考え方にとらわれないことが、「対等」なコミュニケーションをとるために不可欠なのです。

「相手とわたしは、コミュニケーションをとる場では対等なのだ」

と心のなかで思えるといいでしょう。

反対に、自分のほうが高い立場にいるときや、キャリアが長いときには、

「こちらの意見や判断のほうが正しい」

「相手が言うことを聞くのは当たり前だ。わたしに従うべきだ」

と思い込まないように注意が必要です。

たとえ立場に違いがあっても、相互尊重のもとに、伝えたいことは伝え合えること。必要以上にへりくだったり、コントロールしようとしたり、押しつけようとしないこと。これらを心がけることが、「心のなかでは対等である」という状態なのです。

心のなかでへりくだりすぎると、話の内容は伝わらない

言葉や文言を整えても、対等な気持ちで向き合わなければ、アサーティブ・コミュニケーションは成立しません。たとえば、自分の考えを相手に伝えるときに、

「わたしの立場でこんなことを言ってもいいのだろうか……」

「わたしのほうがキャリアも知識も浅いのに、こんな意見を言うのはおかしいのでは？」

このように、必要以上にへりくだったり、ひるんだり、不安や恐れの気持ちを抱えてしまったりする人は多いものですが、ネガティブな心持ちのままコミュニケーションをとると、話の内容よりも、心情のほうが相手に伝わってしまいます。

せっかく自分の伝えたいことを整理して話したのに、

「こちらの考えを受けとめてもらえなかった……」

と感じた経験はありませんか？　相手からすると、おどおどしている様子、自信がなさそうな様子、あきらめているような様子の印象のほうが勝ってしまうため、どうしても話の内容が耳に入りにくいのです。円滑にコミュニケーションをとるには、話す内容だけでなく、自分がどんな心情で話しているのかということにも意識を向けてみましょう。

他人を見下すような気持ちは、相手にも伝わってしまう

へりくだるのとは反対に、見下すような気持ちも相手には伝わっています。

たとえその場で責めるような言葉を言っていなかったとしても、

「この人は、何をバカなことを言っているのだろう」

「こちらの言うことを素直に聞いていればいいのに。この人は何を言ってもわからない人だ」

……といった気持ちを抱えていると、言葉にしなくても、相手に威圧感を与えてしまうこともあります。相手が敏感なタイプなら、

「この人は、わたしをねじ伏せようとしている！」

と、感じとってしまうでしょう。このようなコミュニケーションのとり方では、心から信頼し合って対話する関係性を築くことはできません。さまざまな違いがあったとしても、自分も相手も尊重することは、人とコミュニケーションをとるうえでも、組織の心理的安全性を実現するうえでも、欠かせない要素なのです。

2 「相互信頼」のつくり方

お互いの意見が尊重されると信頼関係が生まれる

アサーティブ・コミュニケーションの土台は、相互尊重と相互信頼です。相互信頼という言葉には、自分自身が自分を信頼し、相手のことも信じるという意味が含まれています。

たとえば、相手に耳の痛いことを言わなければいけないとき、何か改善してほしいことを要求するといった、言いにくいことを伝えるときには、「わたしは相手にわかるように伝えられる」という自分への信頼と、「この人は耳を傾けてくれる」という相手への信頼の両方が必要です。つまり、

「耳の痛いことを相手に話したら、相手が自分のことを嫌うのではないか？」

「反発してくるのではないか」

「この関係性が崩れるのではないか……」

と思うこと自体、相手のことを信頼していないということになります。

相手によっては嫌な顔をしたり、そのあとの関係性がこじれたり、反論してくるという人も当然いるでしょう。ただ、それでも心のどこかで、

「この人だったらわかってくれる」

「今後もいい関係をつくりたくて言っているのだから、耳を傾けてくれるだろう」

と相手を信じる気持ちが大切なのです。信頼の気持ちを持つことで、臆することなく相手に伝えることができるようになります。

これが、アサーティブ・コミュニケーションの相互信頼として、もっとも重要なポイントなのです。

上司がポジションパワーを盾にしていると、建設的な議論は生まれない

自分の意見を相手に伝えることは、人によって最初はなかなかハードルが高いことかもしれません。

いままでの経験から、

「わたしはうまく伝えられた試しがないな……」

というネガティブな思いを抱いてしまうこともあるかもしれません。相互信頼の気持ちがなければ、本当に建設的な議論はできないのです。心理的安全性は、

「皆で安心して仲良くしましょう」

というものではなく、

「これは改善してほしい」

「これはやめよう」

「それは違う」

ということを、安心して議論できる環境に根づくものです。

それには、やはり相互信頼という土台が必要になるのです。

職場で心理的安全性を叶えるアサーティブな空気をチームに浸透させていくには、まずはポジションパワーのあるマネジメント層が実践することから始めてみませんか。

また、職場の部下や後輩に対してのみではなく、こちらが依頼側になる業者の人に対して「こちらが仕事を与えている側であることを、わかっていますよね？」

「わたしのお願いを、当然断らないよね？」

と圧力を与えて思い通りに動かそうとする人もいます。このアプローチをすると、その場では言う通りにはなるものの、長期的に見たときに相手に不信感を与えることが考えられます。職場以外でもポジションパワーを盾にしていることがないか、振り返りましょう。

後輩や部下を叱るとき、上から目線はパワハラになる

パワハラ防止法が施行されたことにより、叱るときにどうしたらいいのか、悩む管理職がますます増えてきています。

一方で、表立って強い言葉を口にしない分、

「どうせ、こいつには何を言ってもわからない」

という相手への不信感や、

「こんなことをしでかして、とんでもないヤツだ」

と相手をバカにした気持ちを抱えながら話をしてしまっているケースもよく耳にします。

このような気持ちは、相手側にも自然と伝わってしまうので要注意です。

もちろん、叱ること自体が悪いというわけではありません。相手の成長につながるように、意識と行動を変えるための指導として「叱る」ことが重要なのです。

この意識がないために、カッとなった瞬間、普段心のなかで使っている言葉を無意識に口にしてしまい、

「お前は本当にバカだな！　本当に使えねぇな！」

というような、とんでもない失言をして、パワハラ問題を起こしてしまったケースの相談も、わたしのもとには数多く寄せられています。

仕事柄、パワハラをしてしまった管理職の人を対象とした研修を受け持つこともあるのですが、複数の組織で同じような問題が起こっていることを、日々目の当たりにしています。

叱るときは、意識と行動を変えてもらえるように伝える

上から目線で叱ったり、相手をコントロールしようとして関わった結果、変な反発心を抱かれたり、相手が心を開かなくなったりするということもよくあります。

あなたの職場でも、心当たりがありませんか？

このような問題が起こるとき、叱られた相手は

「この人は『どうせ、どうにもならない』と思っているよね」

「わたしのことを信頼していないし、無理やりコントロールしようとしているのでは……？」

と受けとってしまいがちです。

部下や後輩を叱る目的は、問題行動を変えてもらうことではありますが、残念ながら、叱った直後にすぐに改善することばかりではありません。そのために、同じような失敗を繰り返すたびに増していく「いったい、いつになったら改善するんだ！」という苛立ちや、呆れた気持ちが、伝える側の態度に出てしまいやすいのです。

「叱りやすくするために、まずほめる」という行為は、不信感につながる

企業研修の際に、質問の時間を設けると、

「叱りやすくするには、最初にほめることが大切ですか？」

「先にほめたほうが、叱ることを相手に受けとめてもらいやすいでしょうか？」

と、尋ねられることがよくあります。

結論から言うと、これは、アサーティブなコミュニケーションではありません。

自分が叱らなければいけないことがあるときに先にほめておく、という発想には、

「まずは相手をいい気持ちにさせることで、自分の言うことを聞かせよう」

という意図が含まれているからです。

たとえば、言うことを聞いてほしいがために、

「○○さん、さすがだね。ここがよくできているよね。だからこれは直してね」

といった言い方をしてしまっていることはありませんか？

叱る前に、とってつけたように無理やりほめても、相手は気持ちよく受けとれないものです。むしろ、相手をコントロールしようとしている本心が伝わってしまうでしょう。

相手をコントロールしようとする思いは、日頃の態度にもあらわれやすいので、言われる側の不信感はどんどん募っていきます。すると、いざ本当に相手をほめようとしたときにも、

「この人は、また都合のいいことを言っているだけだ」

と受けとめられてしまうことになるでしょう。これは避けたいところです。

コミュニケーションのすれ違いを防ぐには、

「○○さん、いつもありがとう。助かった」

「こういうところは、○○さんの能力の発揮ができるところだよね」

「以前よりもこういうところがよくなっているね」

といった相手への感謝の気持ちや、できているところに日頃から目を向けて、口に出して伝えるようにしましょう。

日頃からいいところにも目を向けてくれているとわかると、改善に向けた耳の痛い言葉もすんなりと受け入れやすくなります。

3 上下関係を意識しすぎて萎縮しない

「能力や立場が低いから言えない……」という遠慮は不要

さまざまな企業の人と話をしていると
「わたしなんかが意見や改善方法を提案するのは、おこがましいのではないか」
「わたしがこんなことを言うのは、失礼なのではないか」
といった発言をする人が、とても多いように感じます。

これは、男性にも女性にも言えることで、比較的、上下関係のピラミッド構造が明確な組織に属している人たちほど顕著です。

日本では、まだまだ序列がはっきりある組織も多いため、意見を言っても通らないのではないかと感じてしまうのかもしれません。

これは、まだ役職に就いていない若手の層だけではなく、中間管理職の人がトップマネジメント層に対して感じていることとしても当てはまるようです。

本来、発言してもいい場であっても

「自分のほうが、立場が下で、キャリアが短いから」

「相手に比べて、この技術やこのスキルがまだ足りないから」

という事実を意識しすぎている人は、少なくありません。

「まわりの人と比べて、自分は能力が低い」

という思いを抱いているがゆえに、コミュニケーションがうまく機能していないというケースは、組織の大小を問わず多々あります。

実際に、組織にはさまざまな人が集まってくるわけですから、能力の差やスキルの差、経験値の差があることは事実です。

「立場が低い人、スキルがない人は何も意見を言ってはいけない」

という考えは、自分が心のなかで決めつけてしまっている思い込みかもしれません。もしそういった思いが浮かんでくるときには、

「これは自分自身の思い込みなのかもしれない。『言ってはいけない』というのは事実ではない。言ってみると、もしかしたら、聞いてもらえる可能性もあるのでは？」

と自身に問いかけてみてはいかがでしょう。

自己受容度を高めることが自己信頼へつながる

対等に向き合ってコミュニケーションをとるためには、自己信頼が大切だとお伝えしましたが、これは「自己受容」ができてこそ、自分を信頼する力が生まれます。

自己受容とは、自分のよいところ、できていることがわかり、さらに、欠点や苦手なこと、能力的にできていないことも自分自身の一部だと受け入れることができることを指します。

自分を認めることができないと、相手を真に認めることはできません。

非主張的な自己表現をしているとき、自己受容度が低いことは容易に想像できるかと思います。でもじつは、攻撃的な自己表現をしているときも、威圧的で一見強そうに見えたとしても、自分の弱さを防御するための攻撃であることが多いのです。

自分の意見や考えに反対されたり、「それは違う」と言われたりすると、自分を認めてもらえていないような気持ちになる。また、相手よりも劣っていることは認めたくないという気持ちから、相手の優位に立とうと攻撃的な表現をする。自己受容できていない人にはこういった傾向があるのですが、他者にマウンティングをする人も、これに当てはまります。たとえ意見が違って相手からNOと言われても、自分自身が否定されているわけではありません。

人は、誰でも不完全なところがあります。できないこと、間違うこと、失敗もあります。でも、だからといって人としての価値が下がるわけではないのです。

相互信頼を土台にした対等なコミュニケーションをとるためにも、自分のよいところ、できていることはもちろん、不完全さをも認める勇気が大切です。

自分のいいところに目を向けて、自己受容を高めていく

研修で行うワークのひとつに、

- 自分の好きなところ
- いいところ
- できているところ

●がんばっていること（がんばったこと）

に目を向けて書き出してもらうワークがあります。このワークではじつに多くの人から「そんなことを書いたこともない。書くことが何もない」

という声が寄せられます。

でも、普段取り組んでいない人ほど、ぜひ挑戦してみてください。

アンガーマネジメントにも「サクセスログ」という、どんな些細なことでもいいので、うまくいったと思えることを書き出すというトレーニングがあります。この「サクセスログ」に書き出す内容は、「このくらい当たり前」と感じるようなことでもかまいません。たとえば、次のようなことを挙げてみるのもおすすめです。

「毎日のウォーキングが1カ月続いた」

「毎朝6時には起きて、家族の食事の支度をしている」

「パワーポイントの資料はうまく仕上げることができる」

「きれい好きで整理整頓が得意」

「仕事もあるなか、資格試験の勉強をがんばった」

3日にひとつずつくらいでも十分です。ぜひ書き出してみてください。

コミュニケーション能力は、繰り返しの練習で上達する

「対等な立場で伝える」という心構えを持ったあとに大切になってくるのは、「どう伝えるか」ということです。

言葉の選び方、表現の工夫といった点にも注意を向ける必要があるでしょう。

「いままでうまく伝えられたことがなかったから能力がない」と思っている人は大勢いるのかもしれませんが、安心してください。赤ちゃんのときから、生まれつきコミュニケーション能力が高いという人はいません。伝え方のスキルは、練習次第で、誰でも身につけることができるものなのです。

たとえるなら車の運転技術のようなもの。

はじめはうまくいかないことがあっても、場数を踏み、コツをつかんでいくことで、かならずスキルとして身につけることができるようになるでしょう。

相手に伝わるように伝える練習を積み重ねていきたいものです。そのコツは、第4章で詳しく紹介します。

4 復唱できるくらいに「傾聴」する

話すことより、まず相手の話に耳を傾ける

相手にどう伝えるかということばかりに、意識を向けすぎてはいませんか？

長年研修をしていて感じるのは、多くの人がアサーティブ・コミュニケーションのことを、

「言いにくいことをどう伝えたらいいのか」

という悩みを解消するスキルだと勘違いされているという点です。

「どう話したらいいですか？　どう伝えたらいいですか？」

という相談は山ほどいただきますが、

「人の話にどう耳を傾けたらいいですか？」

「相手の話をどのように聴いたらいいですか？」

と尋ねてくる人は、全体のたった2割程度です。

コミュニケーションにおいて、どう表現したらいいのかを学ぶこともちろん大事ですが、それよりも、相手が伝えてくる意見について、耳を傾けることに注力しなければ、対話はなくなってしまいます。

双方向のコミュニケーションを実現させるには、どう伝えるか、どう表現するかだけではなく、「どう耳を傾けていくのか」という意識も欠かせません。

実際に多くの人から、

「(相手が) わたしの話を全然聴いてくれません」

「(相手が) 途中でこちらの話を遮って自分の話ばかりするので最後まで聴いてほしい」

「こちらの話をもっと聴いてもらうにはどうしたらいいですか?」

という相談も受けます。

それほど、自分は「伝える力」「話す力」を高めたいと思いながら、相手には「わたしの話を聴いてほしい」「受けとめてほしい」と求めているのです。

このことからも、コミュニケーションをとるうえでは「どう聴くか」が欠かせないポイントになるということがわかるのではないでしょうか。

傾聴のポイント

よりよいコミュニケーションをとるには、どのような聴き方をしたらいいのでしょうか？

一番大切な部分は、対面でもオンラインでも、共通しています。

- 相手に身体を向ける
- 必要なところでアイコンタクトをとる
- 最後まで相手の話に耳を傾ける
- 適度な相槌を打つ

このように、話を聴くということは、ただ声を聞くだけではありません。相手に、話を聴いていることがわかるように表現できることが大切なのです。

研修のロールプレイングでは、無意識に相手に話しにくい印象を与えている人も多いもの。腕組みをしたり、頬杖をついたり、椅子の背もたれに完全にもたれかかる、眉間にシワが寄っていて表情が怖い……といった態度をとっていないか、一度見直してみるといいでし

●「話す」・「聴く」の割合

◉相談・ヒアリング

2 話す	8 聴く

◉会話・対話・議論

5 話す	5 聴く

ょう。

また、ペン回しや貧乏ゆすりなどの気になる動きや、資料を見ながら、パソコンやスマートフォンの操作をしながら話を聞く「ながら動作」にも気をつけましょう。

こうしてみると、普段、聴くということに対して無頓着な人は非常に多いものです。

電話やオンラインの画面オフでの対話で姿が見えない状況であればなおさら、適度に相槌を打つことや、聴いているという表現をすること、相手に身体全体が見えなくても、どこかで反応を返すことは、コミュニケーションの基本です。

よく「8割聴いて2割話す」と言いますが、とくに相談を受けるときや、ヒアリングをするときは、相手の話を聴くのが8割、自分の話をするのが2割ぐらいの割合を目安にするといいでしょう。会話や対話、議論をする場合は、5：5でもいいかもしれません。

このようにその場の目的によって、「話す・聴く」の割合を意識するといいでしょう。

意図的な無視は攻撃的な表現に入る

聴き方で大切なのは、相手に対して聴く姿勢を見せることです。

反対に、「無視は精神的殺人」という言葉があるほど、意図的な無視は攻撃的な表現に該当します。

時折意図的に無視をする人がいますが、暴言を吐かなくとも、相手に大きなダメージを与えているのと同じことになります。

ハラスメントは、もともと「嫌がらせ」という意味ですから、相手の話を意図的に聴かず、目も合わせず無視をする、何も意見を聴かないという態度は、当然ハラスメントに該当します。

「お前はバカだ、使えない」

と直接的に傷つく言葉を言わなくても、相手を大いに傷つけるものなのだと心に留めておきましょう。

アサーティブな聴き方を心がけるには、まず

「あなたの話を聴いているよ」

ということが相手に伝わる表現ができるということが必要になります。

「自分の話を聴いてほしい」と思っている人はとても多いものです。だからこそ、相手の話の大事なポイントを復唱するような気持ちで「傾聴」を意識してみることで、コミュニケーションがぐっと円滑になるでしょう。

5「同意」できなくても「理解」はする

相手への理解があれば、いつも同意する必要はない

人と意見が異なってしまうとき、場を悪くしないように意見を飲み込んで、あとから悩んでしまうことはありませんか？

アサーティブ・コミュニケーションでは、相手の言うことにすべて同意して、飲み込む必要はないと考えられています。

現在は、価値観も多様化してきました。さまざまな考えを持つ、違う立場の人たちとやりとりをするなかで、意見が異なることは多々あるでしょう。

第1章でお伝えしたように、心理的安全性は

「建設的な議論ができるようになりましょう」

というものですから、同意できない場合があってもいいのです。建設的な話をするために、アサーティブ・コミュニケーションでは

「同意できなくても理解はしよう」

という姿勢を大切にしています。

自分と意見が異なる相手を理解できないときに、つい無意識に相手の意見をはじき返してはいませんか？　たとえば

「そうは言ってもね」

「でも。しかし。ですが……」

というようにです。

そのほかにも、ドラマなどで自分の意見を相手にぶつけるシーンで使われる

「お言葉を返すようですが」

「おっしゃることはわかりますが」

というセリフも、

「おっしゃることはわかります」

と言ってはいるものの、相手の言ったことをはじき返す表現です。これはお互いに話し合うというよりも、

「自分のやっていること（言っていること）のほうが正論だ」

と主張した、相手の話を受けとめていない、攻撃的な表現に当たります。このような表現をされた場合、意見をはじき返された相手の反応は、おそらく次の2通りに分かれるでしょう。

① やりとりをやめてしまう

「もうこの人との話し合いは無理だろう」

「もういいよ」

と、あきらめてしまい、話し合いをやめる方向に持っていってしまうパターンです。

② 相手も戦闘態勢になってしまう

「いやいや、こっちだって言わせてもらえば……」

「え、何を言っているの？　そっちだって！」

と語気を荒げたり、相手を打ち負かそうという気持ちが出てきたりするパターンです。

喧嘩腰の状態になってしまったら、お互いにどちらが論破できるかという言い合いに発展してしまうことになるでしょう。

「おっしゃることはわかります」
と言えない場合があったとしても、まず
「〇〇さんは、このようにお考えなのですね」

「○○さんは、こうしてほしいということですね」

と受けとめる言葉を返すことが、相手の意見に理解を示すことにつながります。

言っていることが正論だとしても、自分の意見を突き返すばかりの相手には耳を傾けたくない、という人もいます。

自分の意見・主張に耳を傾けてもらうためにも、相手の意見や考えの価値を認めること、話に理解を示すワンクッションを入れることが大切なのです。

相手の意見を受けとめるときは、言葉と態度で示す

研修では、聴くことの大切さをお話ししたうえで参加者にロールプレイングをしていただくのですが、すぐに態度や言葉にできず、

「心のなかでは同意しているのですが……」

と戸惑う人もいます。

でも、実際に心のなかで相手の話を受けとめていたとしても、表に出さなければ、その思いは相手に伝わりません。実際に表現しなければ、コミュニケーションは成り立たないので

す。

また無意識に、「でもね」「いや、そうは言っても」と口に出すクセがあることをロールプレイング実習で気づく人が少なくありません。相手の話をどのような言葉で受けとめているかに意識を向けることから始めませんか？

自分の意見は、相手の意図を理解したあとに主張する

相手の意見に同意できないと感じるとき、反論や疑問があるときに、

「このように考えているということですよね？」

と相手の意図を質問してみたり、

「どうしてそう考えたのか、聴いてもいいですか？」

と背景や相手の事情を引き出してみたりして、耳を傾けることも重要です。相手の意見の背景や事情を知って理解したうえで、

「わたしはこのことに関して、こういう理由でこのように考えているのですが、どうでしょうか？」

というように、話し合いややりとりをスタートしましょう。

何か無理な要求をされたり、異なる意見を言われたりしたとき、いきなり

「無理です」

「それは違うと思います」

と、急に戦闘態勢になってしまう人もいるかもしれません。そうなることを避けるためにも、

「こういうふうにしてほしいということですよね」

と相手に理解を示したあと、

「それに関しては申し訳ないのですが、こういう理由でお引き受けできない状況です。こういった方法であればお引き受けできるのですが、いかがでしょうか？」

「わたしたちのチームは、こういう理由でこの条件すべてを飲むことができないので、ご相談できませんか？」

というように相手との対話を進めてみてください。

相手に理解を示す言葉を使うことが、攻撃的な人との不要なトラブルを回避する鍵になり

ます。

すぐに売り言葉に買い言葉という状態になってしまう人ほど、ワンクッション置くための言葉を事前に用意しておきましょう。

6 コミュニケーションのゴールは、アサーティブに伝えること

丸くおさめるのが、コミュニケーションのゴールではない

「NO」と言うこと＝悪い、という思い込みを持っている人は多いのではないでしょうか？「交渉」は「NO」から始まるコミュニケーションです。

お互いの要求が異なることから始まる話し合いであり、喧嘩でも、論破するコミュニケーションをとるものでもありません。

ですから、「NO」と言うことは、悪いことではないのです。

どんな人が相手であっても、最初から同じ意見になることは難しいもの。たとえ長年付き合った同僚や友人、家族でも、すべての場で同意見とはいかないでしょう。違う意見を持っ

ていることや引き受けられないことがあれば、議論を交わしていいのです。すべてのことを議論もせずに丸くおさめようとするのは、とても不自然で不健全なことです。話し合いやミーティングの目的は、丸くおさめることではありません。どこにゴールを設定しているのかを見直してみると、「交渉」で意見を交わしたり、「NO」と言ったりすることができるようになるでしょう。

無理して同意してしまうことの弊害とは

相手の立場が強い場合や、利害関係の絡む取引先が相手の場合、相手のほうが自分よりも専門的な知識やスキルがあったりする場合、

「『その要求は無理だ。話が違う』と心のなかでは思っていても、つい『わかりました』と言ってしまうんです」

という相談をよく耳にします。

こういった人の多くは、相手の無理な要求を受け入れないと、

●取引が打ち切りになってしまうかもしれない

●嫌われてしまう
●上司の意見には「おっしゃる通りだ」と言わないと、そのあとの関係性や評価に影響してしまわないか怖い

という思いから、無理して同意してしまいがちです。

自分の言いたいことがうまく言えなくなってしまい、同意をするという選択をした場合、後々になってから

「どうして引き受けてしまったのだろう」

「なぜあのときNOと言わなかったのだろう」


と、後悔して自己嫌悪に陥ってしまうことも……。そうすると、

「こんなことを引き受けてしまって、大変なことになってしまった」


と悶々とすることが新たなストレスとなり、ひとりで負の感情を抱え込んでしまうこともあります。引き受けてしまったのは自分の責任だとしても、次第に相手に対して恨みがましい思いを持ち続け、悩んでいるという相談もよくうかがいます。

こういったときには、目の前のことだけでなく、無理をして同意したその先の未来まで想

像してみることで、表現の仕方も変わってくるのではないでしょうか。

相手にアサーティブになることを求めない

アサーティブ・コミュニケーションの研修後、しばらく経ってから、

「わたしがアサーティブに言ったのに、相手が聴いてくれません」

「相手が自分の言った通りにしてくれません」

「言った通りに話が進まなかった……」

といった相談を受けることもあります。


アサーティブではない相手もいますし、相手は相手なりの主張や考えもあり、当然、自分が言った通りに話が進まないこともあるでしょう。

たとえば、相手に耳の痛いことを伝えるときに、いくらこちらが相手を責めずに適切な言い方をしたとしても、相手がそれを受けとめられない器の人の場合、あからさまに嫌な顔をされることもあるものです。

クレーム対応も然り。お客様の要求が飲めないということをいくら真摯にアサーティブに

言ったとしても、自分の要求が通らないことに怒って電話を切ってしまう人もいるでしょう。

こちらがアサーティブに伝えたとしても、相手が自分の望む行動や反応をしないこともあるということを、知っておいてほしいのです。

「わたしがアサーティブに伝えたのだから、怒らずに気持ちよく受けとめるべきだ。相手もアサーティブに伝えてくるべきだ」

とは思わないほうが得策です。

相手の感情も相手の出方も、こちらでコントロールできるものではありません。だからこそ、コミュニケーションのゴール設定は、

●場が丸くおさまった

●自分の思い通りに相手が動いてくれた

ということを結果の基準にするほど苦しくなってしまいます。そうではなく、

●自分は自分の伝えたいことを、相手にアサーティブに伝えた

というところをゴールに設定すると、自分自身がラクになっていくはずです。

相手の話を傾聴し、理解を示していれば、同意はかならずしも必要ではありません。「場をおさめる」のではなく「自分の伝えたいことをアサーティブに伝える」ということを、ぜひ心がけてみてくださいね。

ポイント

☑アサーティブになるための準備

- 相手と対等な気持ちで向き合う
- 相互尊重、相互信頼を土台にする
- 安心して議論できる場づくりをするには、マネジメント層から取り組む

☑対等な心構えで伝えること

- 立場やキャリアの違いはあっても、コミュニケーションの場では「対等」を心がける
- 立場を盾に相手をコントロールしない、見下さない
- 上下関係を意識しすぎて萎縮したり、必要以上にへりくだることをしない

☑部下や後輩を叱るとき

- 意識と行動を改善してもらえるように伝える
- 上から目線で叱ること、相手をコントロールすることはしない
- 叱りやすくするためにほめることは不信感につながる

☑相手の話に耳を傾ける

- 聴いていることが相手に伝わる態度・表情・相槌になっているかを振り返る
- 意図的な無視は攻撃的な自己表現に当たり、相手にダメージを与える
- 相手の話に同意できなくても理解はする

☑コミュニケーションのゴール

- 丸くおさめるのがゴールではない
- 「NO」と言うことは悪いことではない
- 相手の感情や相手の対応はコントロールできない

第3章

アンコンシャスバイアスの影響に気づく

1 アンコンシャスバイアス（無意識の思い込み）とは？

無意識の思い込みから、判断がずれてしまうことがある

アンコンシャスバイアスという言葉を聞いたことがありますか？

日本語では、「無意識の思い込み」「無意識の偏見」と表現されることもある概念です。アンコンシャスバイアス研究所代表の守屋智敬さんは、「無意識に『こうだ』と思い込むこと」と表現されています。

無意識というのは、「気づかずに」「知らず知らずのうちに」ということです。

意識できていることは氷山の一角だといわれているので、普段わたしたちは気づかないうちに、多くのアンコンシャスバイアスを持っているということになります。

アンコンシャスバイアスは、過去の経験や、見聞きしてきたことによって生まれます。誰もが持っていて、日常にあふれているものなのですが、気づかずにいると……

- 適正な判断や評価ができなくなる

- 否定的になり、新たな発想が生まれなくなる
- イライラすることが増える
- 知らず知らずのうちに人間関係に支障をきたし、ハラスメントにつながる
- 自分の成長機会を失ったり、可能性を狭めてしまう

……という影響が出てしまうこともあります。

アンコンシャスバイアスによってアサーティブになれないこともあるため、まずは自分の思い込みに気づくことが大切です。

よくあるアンコンシャスバイアスの例

アンコンシャスバイアスには、わたしたちが普段意識できていないだけで、さまざまなものがあります。次のように思うことはないでしょうか。

「あの人は文系だから数字に弱い」
「血液型がB型の人は大雑把でマイペース」
「九州の人はお酒が強い」

「『単身赴任』という言葉を聞くと、女性ではなく男性のことだと思う」

「茶髪でカラーコンタクトをしている人は、チャラチャラしているのではないか……」

「食事や洗濯は、妻や母の役割だろう」

「事務職は、一般的に女性がつく役割である」

「上司が言うことが絶対だ、間違いない」

「（挑戦する前から）わたしには無理だと思う」

「普通は〜だ。みんな〜だ」


このように、アンコンシャスバイアスを学んでいると、日常生活のなかにあふれていることに気づきます。

わたし自身も、自分の持っているアンコンシャスバイアスに気づくことが多々あります。

たとえば、コロナ禍の影響で、いまは研修もオンラインで実施することが多くなりました。オンライン研修を導入した当初、50代以上の役職者の人を対象にした研修では、

「この年代の皆さんは、オンラインには慣れていないので、機能の説明もしなくてはならないし、進行には時間がかかるだろう」

「チャットにコメントを入力するにも時間がかかり、入力する人も少ないかもしれない……」

こう考えていました。ところが、意外にもチャットに多くのコメントがあり、即リアクションボタンで反応を返してくださるなど、とてもスムーズに進行ができて驚きました。「意外にも」と思った、まさにこれがわたしのアンコンシャスバイアスだったのです。

無意識に思っている事柄自体を、いいか悪いかジャッジする必要はありません。それよりも、まずは、日頃の自分の「判断」や「言動」にアンコンシャスバイアスの影響を受けていることはないだろうかと振り返り、気づけるようになるといいでしょう。

2 アンコンシャスバイアスが、人との行き違いを生む

アンコンシャスバイアスの代表的な種類

アンコンシャスバイアスは、無意識なので、気づくのは難しいかもしれません。まずは、気づくための手がかりとして、どのようなものがあるのか見てみましょう。

「言われてみればたしかに……」

と思い当たることもあるかもしれません。

【アンコンシャスバイアスの代表例】

●正常性バイアス…まわりが変化していたり、危機的な状況が迫っていても「これくらいなら大丈夫」と自分に都合のよいように思ってしまう

（例）「わたしは大丈夫」「わたしは問題ない」

●権威バイアス…権威のある人が言うことは間違いないと思い込む

（例）「あの人が言うなら間違いない」

●集団同調性バイアス…まわりと同じように行動したくなる

（例）「わたしの意見も皆さんと同じです」「皆が〜と言っているから」

●確証バイアス…自分が正しいということを実証する情報ばかりを集める

（例）「やっぱりわたしは正しい」「わたしが正しいに違いない」

●ネガティビティバイアス…ネガティブなことのほうが記憶に残りやすい

（例）「前もこうだったからダメに違いない」

「前にもあの人に反発されたから、何か意見を言っても、またそうに違いない」
「前に皆の前で恥をかいたから、また恥をかくようなことしかできないかもしれない」

　このようなアンコンシャスバイアスが働いてしまうと、発言や議論でも、相手に言いたいことを言えず躊躇してしまうのです。でも、どのようなものがあるのか、知って気づけるようになることで、対処もできるようになっていくはずです。

思い込みは人との行き違いを生んでしまう

先ほどの事例からもわかる通り、アンコンシャスバイアスは無意識に働いてしまうものです。悪気なく出た言葉が相手を傷つけ、失言となってしまうこともあるでしょう。

たとえば、20代半ばまでの若手世代を「Z世代」と呼ぶことがありますが、普段このようなやりとりをしてしまうことはないでしょうか？

●「すみません。このあとの飲み会には参加できません」

↓「Z世代は飲み会には行きたがらないよね」
●「ごめんなさい。今日は残業できません」
↓「Z世代はプライベート重視だよね」

このように、Z世代といった属性で相手のことを決めつけるような発言には、アンコンシャスバイアスが潜んでいるかもしれません。

「思い込み」の違いを、互いにすり合わせる

産休明けの女性には、どのように接したらいいのか迷う上司も多いようです。そのひとつに、よかれと思ってしたことが相手を傷つけてしまったケースがあります。

営業部の30代女性・Cさんのケースを例に挙げましょう。

Cさんは、復帰後もともと担当していた企業のイベントについて、上司から

「出張になるから行かなくていい」

「今後も地方出張が必要になる案件は、ほかのメンバーに担当してもらうし、主担当ではな

く、サポートにまわってほしい」

と言われてしまいました。復帰していままで通りに主担当として仕事をし、出張もするつもりだったCさんは、このことで仕事へのモチベーションが下がってしまったそうです。わたしとの相談時には、

「わたしは戦力外だと思われているということ？　ひどい！」

という上司への怒りと、産休明けの社員への対応について、組織への不満を感じているような状態でした。でも、不満な気持ちを抱いてただ悶々としているだけでは何も解決しません。

こういったときに大切なのは、「今後どうしたいか」、自分にとっての理想的な未来を考えていくことです。本当はどのようなことを伝えたいのか、どう伝えたいのかを相談し、

「産休後の復帰のことで、改めてお話があります。わたしとしては、産休前と同じように仕事に取り組みたいと思っております。なぜこのようなお話の時間をいただいたかというと、先日○社のイベントに関しての出張はしなくてもいいというお話があり、部長はわたしに対して以前のように仕事をすることを期待していないのではないかと思ってしまったからで

す」

このように伝えたところ、上司からは

「復帰したばかりだし、小さいお子さんがいて出張は負担がかかりすぎると思い、わたしなりに配慮したつもりでメンバー調整をしたんだ。言葉が足りず、勘違いをさせてしまったみたいだね」

という返答があったそうです。誤解が解けて、Cさんは嬉しそうでした。

このように、伝えることで相手の真意がわかることもあります。

お互いの思い込みを手放すには、まず話すこと

この事例では、双方の思い込みがすれ違いの原因になっていました。Cさんの場合は、次のような思い込みの影響を受けていたと考えられます。

- 出張に行かなくてもいいということは、担当から外そうとしているのかも……
- わたしは必要とされていないのかもしれない
- 復帰した社員への対応がひどい

このように、一度ネガティブなとらえ方をしてしまうと、そのほかのことまで悪く見えてしまうものです。また、上司の場合は、

- 子育て中の社員には、出張させないほうがいい
- なるべく仕事の負担は減らしてあげたほうがいい
- 要職には就かせないほうがいい

どのような働き方をしたいのかは、一人ひとり違うものです。

「よかれと思って」に、このようなアンコンシャスバイアスが影響していたのでしょう。

自分がよかれと思ってしたことでも、知らず知らずのうちに相手を傷つけ、こじれてしまうこともあり得ます。それを避けるためにも、

「お子さんがまだ小さいので、出張はしないほうがいいかと思ったんだけれど、○○さん自身はどう思うかな？」

と、相手の意向を確認し、すり合わせをしておくことが大切です。アンコンシャスバイアスは誰でも持っているものだからこそ、自分の思い込みを押しつけていないか振り返り、相手の意見を確認しながらコミュニケーションをとったほうがいいのです。

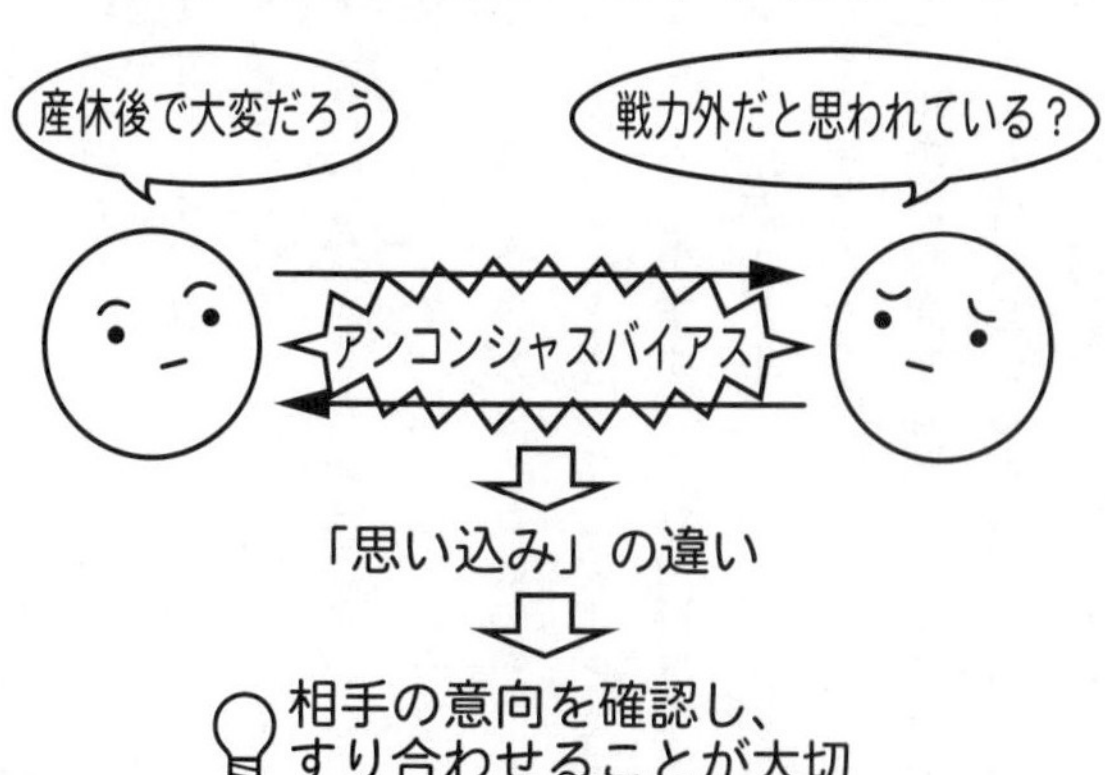

そのほかにも、

「女性なんだから、もうちょっと丁寧に事務仕事をしてよ」

「女性なんだから、もっと上品な振る舞いをしたら？」

「女性なんだから、言葉に気をつけたほうがいいよ」

といった発言にも、「女性だから」というジェンダーバイアスが影響しています。無意識とはいえ、このような発言で意図せず相手を傷つけ、ハラスメントになってしまうこともあるのです。

アンコンシャスバイアスには本当にさまざまなものがあるので、

「人はそれぞれ違うものだ」

という意識は、常に持つようにしたいですね。

3 思い込みがハラスメントに発展してしまうことも……

上司が部下にしてしまいがちなハラスメントとは？

後輩や部下に対して、世代による考え方の違いを感じたことはありませんか？

たとえば、

- 「お客様から連絡があれば、休日でも対応するよね？」と、営業職の人に休日出勤を強要するような発言をしてしまう
- 「営業なのだから足で稼ぐべきだ」と、コロナ禍でも無理やりに数字をとるように促す
- 「このぐらいのことを叱られて落ち込むようでは、本当に根性がない」と言う

このように、自分のなかで「当たり前」という思い込みから出てきた発言が過剰になって、パワハラにまで発展してしまうことがあります。実際に、

「女性なんだから、お茶を出すものだ」

というように、決めつけた発言をしてしまったことで、

「それ、セクハラですよね」

と問題になったケースもあります。

そのほかにも、職場の飲み会の場で
「お客様の接待では女性社員がお酌をするものだ」

「○○ちゃん、○○さんにお酌しないとダメだよ」

と強要しないよう、注意が必要です。

ほかにも、次のような発言をして、問題になることがあります。

- 「結婚しているのに、子どもはまだできないの？」と投げかける
- 相手の本心がわからないのに「まだ結婚しないの？」と不用意に尋ねる

「いままではこうだった」と思っていたことが、いまはハラスメントとして問題になってしまうこともあるのです。「昔はこうだった」という考えを手放し、相手がどのように感じる言葉なのか、いままで以上に配慮が求められています。

思い込みに気づかずに攻撃的になってしまう

自分の思い込みに気づかずに、意見を通そうとしている人はいませんか？

「これが当然」「これが常識」と強く思い込み、それを、周囲に押しつけてしまう人もいます。なかには、相手の意見を論破しようとしてしまう人もいるようです。

相手からすると、これは攻撃的なコミュニケーションだと感じてしまいます。そこまでではなくても、思い込みや偏ったものの見方から、相手が不快に思うことや傷ついてしまうというケースもあるでしょう。たとえば、

「大手企業の営業は男性が担当すべきじゃないの？」

「子どもが小さいのに仕事ばかりしていると、子どもがかわいそうだ」

と言われて傷ついたと言う女性社員の相談を受けたことがありました。また、いまは男性の専業主夫もいる時代ですが、

「うちの夫は主夫なんです」

と言った瞬間に、

「妻が働かなくてはいけないなんて大変ね」

「男は働くものじゃないの？」

という、理解のない言葉や相手の驚く姿に、とても傷ついたという話も耳にします。

激しく論破するわけではなくても、ちょっとしたひと言で相手が不快感を抱いてしまうことや、傷ついてしまうことはよくあることです。でも、言ってしまった本人がそれに気づかなくては、直すことは難しいでしょう。

日常の失言やコミュニケーションのすれ違いは、アンコンシャスバイアスが影響していることがあります。前項でも触れたように、アンコンシャスバイアスは誰にでもあります。だからこそ、

「わたしたちには、いろいろなアンコンシャスバイアスがあるものなのだ」

と普段から意識していると、

「いま、わたしはアンコンシャスバイアスの影響を受けた発言をしてしまったな」

と気づき、徐々にでも改善することができるようになっていくでしょう。

4 過去の対人関係からくるネガティビティバイアスが、人とわかり合うことを阻む

過去にうまく言えなかったことがよみがえってくるケース

何かをしようとするとき、過去の経験から、うまくいかなかったことを思い出してしまうことはありませんか？

人は、ポジティブな情報よりも、ネガティブな情報に注意を向けやすく、記憶にも残りやすい性質を持つことがあるといわれています。これは身の危険を守り、リスクを避けるために、脳の機能が発達したためなのだそうです。つまり、人が生き延びるためのしくみとして、失敗したり、怖い思いをしたときに、二度と同じ目に遭わないよう、脳はネガティブな情報や感情を、より強く記憶し、残すようになっているのです。

これは、過去に誰かに嫌なことを言われて不快に感じた、馬鹿にされて恥ずかしい思いをした……といった記憶は、嬉しい、楽しいというポジティブな感情を抱いたときの記憶より

も残りやすいことがあるということなのです。

「大勢の前で言いたいことがうまくまとまらなくて、恥ずかしい思いをした」

「上司に提案したけれど、いきなり反論され、かなり厳しいことを言われて、嫌な思いをしたことがある」

「後輩に、『こういうことをやめようね』『直そうね』と言ったら反発されてしまった」

「専門知識がわたしよりある人に、意見を伝えたら、そのあと関係が悪くなってしまった」

こういった過去の体験から、

「また同じようなことになるに違いない」

と思い込んで伝えることを躊躇してしまったり、

「どうせ私はうまく伝えられない」

という思いにとらわれてしまっていたりはしませんか？

こういった思いを抱えていると、第2章でお伝えした「相手と心のなかで対等に向き合う」ということができなくなってしまうことにもつながります。

たとえ、このような経験が過去に何度かあったとしても、

「あのときは、そういう結果になった」

という事実があるだけのことです。

「すべての場合において、そうに違いない」

「また同じようになったら怖い」

と考えるのは、本人の思い込みにすぎないのです。


ネガティビティバイアスはリセットすることが必要

脳は変化を嫌うため、

「いままで通りの考えや価値観でいい」

「違うものの見方をするのはとてもエネルギーを使うから、変わるのは嫌だ」

と思ってしまいがちです。そのほかにも、

「変わりたくないし、ネガティブな思いや体験もしたくない」

という自己防衛心からアンコンシャスバイアスが生まれているのかもしれません。

そのため、このネガティビティバイアスに対応するには、

「すべての場合に、同じようなリスクをともなうかどうかはわからない」

「同じ結果になるかどうか、わからない」

と、自分自身の意志で思考をリセットしていく必要があるのです。もしも、

「またうまくいかないかもしれない」

「前にうまく言えなかったから、こういうタイプの人は苦手だ」

「こういう人はすぐに嫌な顔をするだろうし、高圧的になるだろう」

という思考が浮かんできたら、次のように考えてみてください。

「いま、そういう考えがわたしの頭のなかに浮かんできたけれど、まぁそれはそれ」

「前はそうだったけれど、次は違うかもしれない」

「そうはいっても、やってみよう」

実際にこういった言葉を使って、自分の思い込みを打ち消していきましょう。


ネガティィビティィバイアスの影響をリセットする言葉を用意しておく

ネガティィブな思いが浮かんできてしまうのは、人間の脳のしくみ上、仕方のないことで、

決していけないことではありません。

実際に、どのようなバイアスを持っているのかということに気づくと、それがどれほど人との関わり方に影響を与えているかもわかっていくはずです。

ネガティビティバイアスをなくそうとするのではなく、まずは、自分のなかにもそういったバイアスがあるのだと自覚するところから始めましょう。そのうえで、ネガティビティバイアスに引っ張られないように、あらかじめ思考をリセットするための言葉を用意していくことがポイントです。

使う言葉が変わっていくことで、人間関係も徐々に変わっていくでしょう。

5 自分の「当たり前」「常識」を無意識に他者に押しつけていないか

自分にとっての「こうするべき」を相手に強要しない

「当たり前」「常識」「当然」「普通」……どの言葉もよく耳にします。

これらの言葉は、人によって程度の違いがある曖昧な言葉です。

「こうするべき」「こうあるべき」という「べき」は一人ひとり持っていてもいいものですが、それを「当たり前」としてしまうのは自分の思い込みにすぎません。偏ったものの見方が入っている証拠です。

アンガーマネジメントについて第1章でも解説しましたが、自分の「こうあるべき」「こうするべき」がその通りにならないときに、人は怒りを感じます。

自分自身の思い込みに気づくことができずに、

「こうするのが当たり前だ！」

「これが常識なんだ！」

と怒りの感情とともに、相手に攻撃的に押しつけてしまう人がいます。ところが、人によって価値観は違うものなので、自分にとっては当たり前でも、ほかの人にとっての当たり前ではないかもしれません。この認識の違いから、トラブルが起きてしまうのです。

「これが当たり前だという認識も、自分の思い込みかもしれない」

こう思えるようになると、自分自身を振り返るような意識が身についていき、余計なトラブルを回避できるようになるでしょう。

相手を論破しようとすると無用な怒りを生み出してしまう

アサーティブ・コミュニケーションでは、自分の「こうしてほしい」という主張を相手に伝えること、わかってもらおうとすることをゴールとして設定します。

一方的に相手に「こうあるべきだ」と押しつけてしまう人は、自分の考えを相手に認めさせることをゴールとして設定していることが多いものです。ところが、いかに自分が正しいのか、いかに自分の言っていることが世間的に常識なのかを押しつけて、

「相手が間違っている」

と論破する方向に持っていくと、次第に相手との関係性も悪化してしまいます。そうなると、相手にわかってもらうどころか、反発を受けることになる可能性もあるでしょう。

実際、研修で若手の人たちから話を聞くと、

「『これは常識だ。これくらい当たり前だろう』と言われると、常識がない人のように扱われた感じがして落ち込んでしまう」

「なぜこうなのか意味がわからない。ただ『常識』という言葉で押しつけられた気がする」

と感じていることが少なくないようです。

不要な反感や怒りを持たれないためにも、「常識」「当たり前」という表現を多用して、周囲に考えを押しつけていないかを振り返りましょう。

6「自分が正しい！」探しをすると、人との対話が成立しなくなる

まわりの意見に耳を傾けられないと「自分が正しい」という思い込みに気づけなくなる可能性があります。確証バイアスがあると、相手が自分と違う考えを持っていたり、違うやり方をしていたりするときに、いかに自分が正しいかを実証する情報ばかりを無意識に集めてしまい、

「ほらやっぱり、わたしは正しいでしょ」

という方向に結論を持っていってしまいます。そのため、人とわかり合うことができなくなってしまうのです。

「Aさんもこう言っているし、こういう情報もあるから、わたしがやっていることは正しい」

ということを主張するだけでは、相手の言ったことに耳を傾けることもできません。プロジェクトを成功させるためによい方法はないか、前例は関係なく違う視点で議論するといった、発展的な話にもならなくなってしまうでしょう。

7「あの人の言うことは正しい」という思い込みが、発言を封じてしまう

権威バイアスの影響を受ける人が多いとどうなるか

上司やキャリアのある人から意見を言われると、「それが正しい」と無意識に思い込んでしまうことはありませんか？

これは権威バイアスと呼ばれ、いわゆる権威のある人（職場では上司や役職者、経験者、専門性が高い人）が発言すると、何の検証もしないでその人の発言を正しいと思い込んでしまうことを指します。

「あの人が言うことだから正しいだろう」

と思って、自分で考えて判断することを疎かにしていませんか？

「本当はこっちの考えなのでは？」

「こういうやり方もないかな」

と思っていたとしても、役職者やキャリアのある人から違う意見が出てきたときに
「向こうのほうが正しい」

と無意識に思い込んでしまうことはないでしょうか。この権威バイアスが働くと、

「こんなふうに考えてしまうわたしのほうがおかしいのかな？　甘いのかな？」

とブロックがかかり、言うのを躊躇してやめてしまうというケースもよく見受けられます。


権威バイアスの影響を受けた人がチームに多いと、自然とイエスマンしかいないような場になってしまう可能性があります。もちろん、会議の場などでは、誰が発言するかということも大切な要素のひとつです。ただ、誰もがいつも１００％正しい判断をしているわけではありません。

「あの人が言っていることだから、検証しなくても正しいだろう」

と思い込んでしまうのは、間違った判断をしてしまうことにもなりかねないのです。

組織全体が間違った方向に進まないようにするためにも、チームの一人ひとりが考える力を身につけて、自分自身で検証するクセをつけていきましょう。

自分で考え、検証するクセづけができる人の集まったチームが、この先もどんどん伸びていきます。

イノベーション実現のためには権威バイアスに気づくことも必要

職場で人と意見が違ったときに、自分がおかしいのではないかと不安に思う人も多いのかもしれませんが、どんな人であっても、常に正しい意見を言っているとは限りません。自分がいくら未熟だとしても、違う意見を持ったとしても、それでいいのです。

たとえば、最近ではＴｉｋＴｏｋがビジネスに使われるようになってきました。

時代が大きく変わってきているので、もしかしたら、上層部の人にはなかなか理解できないことも増えてきているかもしれません。だからこそ、新しい流れを受けとめて、10代や20代の人の感覚を取り入れることも重要です。組織には多様な人たちが必要ですから、多様な声に耳を傾けることは不可欠です。新しい波に柔軟に乗るためにも、いろいろな人の意見を理解して取り入れつつ、自分で考えることも大切にしていきましょう。

職場内にそういった空気が根づくのが理想的ですね。

8 アンコンシャスバイアスへの対処法とは？

自分が無意識に働かせているバイアスの存在に気づく

アンコンシャスバイアスは誰もが持っているものなので、「ある・ない」ではなく、「気づこうとするかどうか」が大切です。

わたしたちはネガティィビティバイアス、確証バイアス、権威バイアスといったさまざまなバイアスを持っていますが、とっさの判断のときに、ふと立ち止まり、

「わたしのこの判断に、アンコンシャスバイアスはないだろうか？」

「思い込みで発言していなかっただろうか」

と振り返ることが重要になってきます。

その際に、言語化して記録をとることもおすすめです。

●バイアスに気づこうとすることが大切

「経験のない○○さんにはこの仕事はできっこないと思った」

「年配の方はＩＴが苦手だろうと思った」

というように記録をとると気づきやすく、傾向もわかるようになります。

相手も悪気があるわけではないということを理解しよう

あなたが嫌な気持ちになったときに、直球で言葉を返してしまうと、相手に悪気がない場合、場の雰囲気を悪くしてしまうこともあります。たとえば、実際にあった例を紹介しましょう。

男性８人、女性４人ほどの40、50代の役職者や経営者が集う食事会でのことです。会計のときに、ひ

とりの男性が、

「女性は〇円、男性は〇円払おう」

と女性と男性を区別したのです。このように、女性だから負担を少なくするというのもバイアスに当たります。すると、

「女性だからという考えはしないで、公平の割り勘にしませんか？」

と言った女性がいました。もしこのような言い方ではなく、

「なぜそこで男性と女性を区別するの？　いまの時代、そういうのは古いですよ！」

と反応してしまうと、その場の雰囲気が悪くなり、相手も嫌な思いをしてしまいます。

アンコンシャスバイアスの対処法で大切なのは、

「それは、あなたのアンコンシャスバイアスでしょ？」

というものの言い方を避けることです。ですから、

「これについてはそんなふうにしないで、こうしませんか？」

「そう決めつけずに、こう考えてみませんか？」

という言い方で伝えられるといいでしょう。他者のアンコンシャスバイアスに対して、

「それは、あなたがアンコンシャスバイアスを持っているからですよね？」

と、責め立てるようなやりとりをすると、揉めてしまう可能性があります。相手にとっては無意識に言っていることも多く、悪気があるわけではないので、変に攻撃的にするのは避けたいものです。そのためにも、自分が伝えたいことをわかってもらうことをゴールに設定しましょう。それだけで、コミュニケーションの表現の仕方は大きく変わってくるものです。

ポイント

☑アンコンシャスバイアスとは
- 無意識に「こうだ」と思い込むこと
- アンコンシャスバイアスは誰もが持っており、あること自体は悪いことではない
- 自身のアンコンシャスバイアスに気づき、その影響を知ることが重要

☑アンコンシャスバイアスの例
- 正常性バイアス（わたしは大丈夫、問題ない）
- 権威バイアス（あの人が言うなら間違いない）
- 確証バイアス（やっぱりわたしは正しい）
- 集団同調性バイアス（皆が〜と言っているから）
- ネガティビティバイアス（前もこうだったからダメに違いない）

☑アンコンシャスバイアスによって引き起こされること
- 人との行き違いを生むことや傷つけることもある
- 相手に押しつけるとハラスメントに発展してしまうことがあるので要注意
- 「これが当然」「これが常識」という思い込みの強さが攻撃性を高めてしまうことも……

☑アンコンシャスバイアスへの対処
- まずは「気づこうとするかどうか」が大切
- 振り返り、言語化して記録すると傾向がわかる
- 強い、弱い、よい、悪いの判断はしない

☑相手のアンコンシャスバイアスに対して
- 相手のアンコンシャスバイアスは責めない
- 自分が感じたこと、伝えたいことをわかってもらうことをゴールにする

第4章

アサーティブな表現のポイント

1　ときには「言わない」という選択をしてもいい

何でも言えばいいというわけでもない

アサーティブ・コミュニケーションについて研修などでお話ししていると、ときに「自分が伝えたいことや思っていることを、率直にすべて言うこと」だと、勘違いされてしまうことがあります。

実際にはいつも自分が思っていることをすべて伝えるばかりではなく、あえて言わないという選択をすることも、アサーティブ・コミュニケーションの表現のひとつです。日常生活を送るなかで、

「気になるけれど、無理に言うほどではないな」

と感じる場面はありませんか？

たとえば職場のミーティングで、上司を含むメンバーが自分と異なる意見になったときに、次のように思う際には、その場であえて言わない判断をしてもいいでしょう。

「わたしは少数派で違う意見だけれど、ここであえて言ってもあちらの結論に落ち着くんだろうな。ここで言うと会議が長引くかもしれないし、別にこだわりがあるわけでもない」

このように、何でも口にすることがアサーティブ・コミュニケーションのゴールではないのです。

言うか言わないかの選択は、あとで後悔するかどうかで決める

言ったほうがいいのか、言わないほうがいいのか、判断に迷うという相談も多く寄せられます。もし、伝えるかどうか迷った場合は、自分が後悔しないほうを選ぶといいでしょう。

一例を挙げます。まったく自分と関係のない他部署の人が、期日を守っていなかったり、職場のルールと違うことをしていたとします。このとき、自分の仕事にさほど影響もなく、「他部署の上司の存在もあるし、あえてわたしの立場から注意をしなくてもいいかな」と思うのであれば、「言わない」選択をするのもありです。逆に、「とても見過ごせず、このままではその部署内だけでなく、複数の関係者に影響が出てしまう。このままにするのはよくない」

と感じるなら、「言う」選択をしたほうがいいでしょう。

言う・言わないという選択をするときに大切なのは、その責任までしっかりとることです。

自分の選択を誰かのせい、環境のせいにしない

相手に言うか言わないかは、すべて自分で決めていいのですが、仮に「言わない」と決断したときにも大切なことは、「誰かのせい、環境のせい」という他責にはしないようにしましょう。

「こんな環境だから言えなかった」

「会社が上層部の意見に重きを置く風土だから、こちらの意見などどうせ聞いてもらえない。だから言えなかった」

「相手が威圧的だから、言えなかった」

というように、何かのせいにしてあとから責任を押しつけるのは、アサーティブな判断とはいえません。威圧的な表現をする相手や、意見に耳を傾けない組織にも非はありますが、

「そういう相手、そういう組織だから言わない」と選択した自分にも責任があるととらえることが、アサーティブ・コミュニケーションの考え方として、重要なことなのです。

「言う」か「言わない」か、自分の判断に責任を持つ

一方で、後悔して自分を責めるような気持ちに苛まれることも、アサーティブな判断ではありません。

「あの場で言っておけばよかった。なんで言えなかったんだろう……」

という気持ちになったのなら、次回からは言えなかったと後悔しない選択を心がけたいものです。

「言えない」と「言わない」は違います。

言わなかったことに後悔がなく、その結果の責任もとれる選択をすることが、アサーティブなのです。もしも、言えなかったことの後悔を抱えてしまうのであれば、それは非主張的な表現に当てはまります。

●「言う」か「言わない」か、自分の判断に責任を持つ

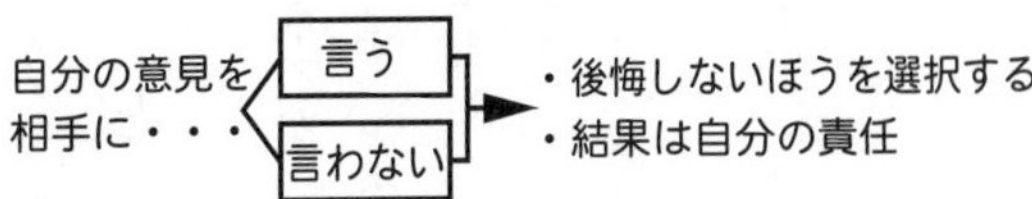

また、「言う」と決めたら、どのような伝え方をするかも重要です。

「あんな発言をして、関係を台無しにしてしまった……」

「あんなことを言わなければよかった……」

「もっと言葉を選べばよかった……」

もし、こんなふうに後悔するのなら、今後は伝え方に気をつけたほうがいいでしょう。どのような言葉でどう表現するかは、自分で選べますし、変えられます。

まずは言うのか、言わないのか、どちらが後悔しない選択なのか、伝える判断をする際には、見極めることから始めましょう。

2　伝えたいゴールは明確か〜ゴールがぶれていないかを振り返る〜

非主張的な人は「嫌われないこと」をゴールにしてしまう

相手に伝えるときに一番重要なことは、「いま自分は、ここで何を伝えたいのか」というゴールを明確にすることです。研修や質疑応答、相談の場でさまざまな人と話をすると、このゴール自体が明確でない人が多く見受けられます。

たとえば非主張的な傾向が強い人は、

「いかに自分が悪く思われないか、波風を立てないか」

というところに意識が向いてしまっています。

「このことを相手にわかってほしい。これを相手に伝えたい」

というところに、コミュニケーションのゴールがないのです。

誰かに何かをお願いするときにも、

「負担をかけたくないから、なんとか相手の機嫌を損ねないようにしたい」

●伝えたいゴールはどこにある？

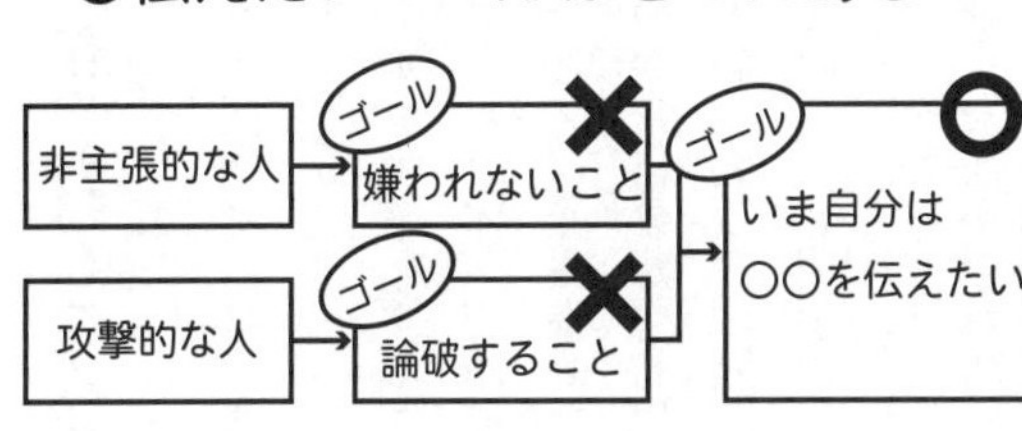

というこ とばかり意識してしまいます。このタイプの人は、期限の催促をするときも、

「いまどのような状況ですか？　○○さんが忙しいのはわかっているので、急かしているわけではないのですが……」

と余計なことを言ってしまいがちです。

誰かを注意したり、改善要求をしたりするときも、

「相手との関係を崩したくない。悪く思われたくない」

という気持ちが強い分、そこに意識が向いてしまい、まわりくどい言い方や、過剰にへりくだった表現をしてしまうのです。自分がどこにゴールを設定しているのか、本当に伝えたいことを自分でわかっていなければ、相手にも伝わりづらくなってしまうでしょう。

攻撃的な人は、「相手を論破すること」をゴールにしてしまう

攻撃的なタイプの人は、コミュニケーションのゴールを、相手を

打ち負かすことに設定してしまいがちです。本来はお互いに対話しながら、どうするのが一番いいかをすり合わせたり、自分の考えを相手に理解してもらうことがゴールのはずです。

「こうするのがよかったんだよね」

「これがいけなかったんだ」

と相手とすり合わせていくことで見えてくるものがあるのですが、攻撃的なタイプの人は、自分の意見がいかに正しいかを証明することや、相手を論破することに意識が向いてしまうのです。

このように、ゴールを間違えたまま話をしている人は案外多いもの。

何を伝えたくて話をしているのか、自分のなかで整理することは、良好なコミュニケーションをとるうえでは、とても大切なプロセスなのです。

3 伝えたいことは、書き出しながら整理する

可視化することで一番伝えたいことが明確になる

言いたいことを明確にするためにもっともいいのは、一度言いたいことを思い浮かべて書き出してみることです。第1章でお伝えしましたが、アサーティブ・コミュニケーションをテーマにした研修では、受講者にロールプレイング実習に取り組んでいただきます。

そのための準備として、

「ここで一番伝えたいことは何だったのか」

「どこまでのことを言いたいのか」

ということを、いったん書き出してもらっています。

- そもそも、自分がこの場で一番相手に伝えたいことは何なのか
- 何を言いたいのか
- どこまでのことをわかってほしいのか

●（内容によっては）なぜ、何のために、〜してほしいのか

まずはこれらを紙に書くことで、明確にしていくのです。

自分でも何を伝えたいのか明確になっていないまま伝えられても、相手も話の意図がわかりません。ですから、ロールプレイング実習では、自分の言いたいことを書き出して、整理して、自分が本当に伝えたいことは何なのかをいま一度検証していただくのです。

自分の言葉でも、相手に伝えるには慣れが必要

自分の伝えたいことを書き出して整理をしたら、それをもとにロールプレイングを行います。

でも、いざ取り組むと、とっさに違うことを言ってしまっていたり、いつの間にか内容がぶれてしまったりすることが少なくありません。自分の言葉であっても、書くことと話すことはまったく別の表現方法なのです。

●書き出す

●相手役に対して、セリフとして口に出してみる

というロールプレイング実習に取り組んだ参加者からは、

「伝えたいことを書き出して可視化し、それを俯瞰してみることで本来自分が言いたいことに気づけるようになった」

「普段、相手に対して責めるような言葉を用いていたことがわかった」

「論点がぶれていることに気づけた」

という意見をたくさんいただいています。

頭のなかでぼんやり考えているよりも、一度書き出して「見える化」してみたほうが、考えを整理しやすいものなのです。伝えることに苦手意識があるならば、相手役がいなくてもひとりで口に出してみるのもいいでしょう。

言い慣れるということも、大切なポイントなのです。


書き出すことで相手の立場にも立つことができるようになる

困っているときに、「大変だ！」ということだけを伝えてしまうと、本当に重要な部分が伝わらず、なかなか改善にもつながらないことがあります。

ある企業の中堅の女性Aさんとのやりとりを例に挙げます。

Aさんは、上司の会議に向けたデータ資料を揃える際に、毎回直前になって変更を要求されて大変だという悩みを抱えていました。

「直前に変更されると大きな負担がかかるのに、『これも加えておいて。このデータを直しておいて』と言われることが頻繁に起きているんです……。こちらももともと抱えている仕事で忙しいのに、なぜ毎回直前になって資料の作成に変更があるのか、やりきれない思いになることがあります」

こういった不満が溜まっていたため、それを上司に伝えるために書き出してもらったところ、

「わたしは仕事を抱えながら対応しているので、直前の変更依頼はとても大変です。その大変さをわかっているのでしょうか？」

という、不満と大変さのアピールばかり伝わる文章になってしまいました。Aさんには、それを見てどう思うのか冷静に考えてもらったところ、

「結局、これは自分が一番伝えたい部分ではない」

ということに、自分で気づくことができました。

また、文章を可視化して客観的に見たことで、

「こう言われたら、相手はきっと『文句をつけられた』と思うだろう」

ということもわかったのです。そこから伝えたいことを整理していき、上司には、本当に一番伝えたかった、

「変更がある場合、難しい仕事も抱えながら資料をつくるので、とくにデータの書き換えに関しては、せめて会議の10日前までに依頼をかけてほしい」

ということを冷静に伝えることができました。このように、一度書き出してみることで、

「この言葉を相手の立場になって自分が言われたらどうなのか」

と考えるきっかけにもなります。この、客観的に見ること、相手の立場に立つことが、コミュニケーションをとるうえではとても重要なポイントになるわけです。

俯瞰して考えることに慣れるためにも、まずは、紙に書き出して、頭のなかを整理するところから始めることをおすすめします。

4　客観的事実と主観を分けて伝える

注意するとき、叱るとき、意見を伝えるときには、事実と主観を分ける

事実と主観を分けて伝えることは、日頃の報告・連絡・相談でも求められます。ただ、注意したり、叱ったりするときには、ここがとくに重要なポイントになるでしょう。

これができていないと、言われた相手は混乱し、なかには主観の部分に過剰反応する人も出てきてしまいます。

○「この1カ月でミスが5回続いている。わたしから見ると、最近集中力が欠けているように思えるのだけれど、どうかな」

↓事実：この1カ月間、こういうミスが続いている

↓主観：そういったことから、最近集中力が欠けているように思える

このように分けて話せるといいでしょう。

×「いつもミスが続いているよね。あなた、本当にやる気がないよね。集中力が欠けて

いるよね」

これでは決めつけのような表現になっているので、言われた側は、イラッとしたり、聞く耳を持たなくなったり、落ち込んだりしてしまいます。

「いやいや、やる気がないわけじゃないし、集中力が欠けているなんて、ちょっと言いすぎじゃない？」

と反発を招いて、肝心の話が進まなくなってしまうことも……。こうなることを避けるためにも、相手に注意を促すとき、叱るとき、何か意見を言わなければいけないときには、事実と主観を分けて伝えるようにしましょう。

どのような言葉を選ぶかによって相手の受けとめ方が変わる

注意したり、相手に何かネガティブなフィードバックをしたりする場合、選ぶ言葉によって、相手の受けとめ方や反応は大きく変わります。

言いたいことを伝えるときに、主観や思い込みが入ってしまうと、どんなトラブルに発展してしまうのか、実際の例を挙げて解説しましょう。

（例）部下が正確な報告をしてくれなかったケース

ある営業部の上司Bさんから寄せられた相談です。あるとき、部下からお客様の情報共有がなく、お客様から、

「○○さんから聞いていないの？」

と言われてしまったことがありました。

このとき、部下は自分に都合のいい情報しか言いたくないのだろうと思い込み、部下に

「顧客とのやりとりを報告するときは、嘘をつかないでほしい」

と叱ってしまったとのことでした。

このケースの場合は、「嘘はつかないでほしい」と言ってしまったことで、「嘘はついていません」というやりとりに発展してしまいました。

実際に、部下は嘘をついてはいません。事実は、部下から報告がなかった情報をお客様から聞いたということだけです。このようなときには、次のように伝える必要があります。

○「お客様とやりとりをしたときの報告は、正確に、漏れなく、わたしに共有してほし

い」

○「お客様から、『この話を聞いていないの？』と指摘されたんだ。わたしはまだ知らない情報だったから、どういうことだったか教えてほしい。今後、お客様から聞いた情報は、わたしに漏れなく共有してほしいんだ。そうでなければ（なぜかというと）適切な対応ができず、お客様先に不信感を与えてしまうこともあるからね」

こう伝えれば、言われた部下は何がよくなかったのか、どうすればいいかがわかります。

（例）同僚が他部署との会議で、失礼な物言いをしてしまったケース

同僚が他部署との会議で、他部署のメンバーに対して、

「そんな考えは甘いですよ。ちゃんと考えていますか？」

と強い口調で言ってしまったケースです。そのため

×「さっきの会議でのことだけど、あんなふうにバカにするような言い方はしないほうがいいよ。一緒に仕事をする他部署の人に失礼だよ」

という伝え方をしてしまい、同僚から「いや、バカにはしてないですけど」、と言われて

揉めてしまったそうです。ここで伝えた「バカにするような言い方」というのは、あくまでこちらの主観です。相手が言葉にしたこと、とった行為という事実をもとに、

○「さっきの会議で、『そんな考えは甘い。ちゃんと考えていますか？』というような言い方をしていたけれど、そこまで言うのはやめたほうがいいと思うよ。これから一緒に仕事をしていくメンバーなのだから、～と、伝えたほうがいいんじゃないかな？」

○「さっきの発言は、わたしからするとちょっと厳しい言い方だったと感じたよ。これから一緒に仕事をする人たちだから、そういう言葉選びをしないで、たとえば、これについては『～というように取り組んでほしい』と相手の人に要望として伝えてはどうかな？」

このような伝え方で、アドバイスができるといいでしょう。

このほかにも、つい主観で話してしまっていることは多いものです。

×「あなた、やる気がないよね。集中力が欠けているよね」

×「わたしが言っても、どうせ聞いてくれないと思うけれど……」

これらの表現には、どちらも主観が入っていて、決めつけや卑屈な感情も言葉にあらわれているため、控えたほうがいい言い方です。

事実と主観が交ざっている状態では、思わぬ受けとめ方をされ、関係性がこじれてしまう可能性があります。このような事例から、注意をするとき、お願いをするときなどは、主観と事実を切り分けて話すことがとても大切である、ということがわかりますね。

客観的事実と主観を分けずに伝えた場合、言われた相手は

「決めつけられている。誤解されている。こんなつもりじゃないのに……」

と不信感を抱き、

「この人はねじ曲げて解釈する人だから面倒だ」

「自分の思い込みで判断する人だから、関わりたくない」

と距離を置かれてしまうようになるでしょう。反対に、適切な伝え方を心がけることで

「この人は、事実にもとづいて正確に判断してくれる」

と相手に感じてもらえると、信頼関係が築かれていきます。主観で相手を決めつけずに事実を確認し、相手の話に理解を示しつつ話し合いができることは、信頼関係の構築にもつな

がります。

そのためにも、事実と主観を分けるクセづけをしていきたいものです。

5 相手と共通認識を得られる言語を選ぶ

抽象的な言葉はすれ違いを生む

前にも触れましたが、「ちゃんと」「しっかり」「思いやりのある」といった言葉を日頃からよく使っている人は、注意が必要です。

「ちゃんと確認してね」
「しっかりやってね」
「もっと思いやりのある言葉を使ってみて」
「メールの返信は早めにしてね」
「もう少し相手の立場に立って考えて行動しようよ」

このように、人によってどの程度のことを意味するのかが曖昧な、共通認識にならない言葉を選んでしまったとき、自分が期待する程度と相手が認識する程度が食い違ってしまい、ミスコミュニケーションを起こしてしまうのです。

なかには阿吽の呼吸が通じ、「ちゃんと」と言ったら、自分の期待する通りの「ちゃんと」を理解してくれる人もいます。ただ、たとえ長年一緒に過ごしている家族やパートナー、ずっと仕事で関わっているメンバーであったとしても、共通認識がすべて一致するとは限りません。だからこそ、相手と誤解のない言葉ですり合わせをしていくことが大切なのです。

抽象的な表現による認識のズレは、さまざまな組織で起こっている

Aさん「ちゃんと確認してね」
Bさん「ちゃんと確認したんだけど……」
Aさん「ちゃんと確認していないじゃないか！」

このような些細な言い合い、些末なズレからの行き違いは、さまざまな組織で起こっています。これまで歩んできた道、生きてきたキャリアや背景が違うと、その言葉をどう認識す

るかが大きく違ってしまうことがあるのです。

最近、笑い話として聞いた話では、40代男性が営業職の新入社員に、

「営業なのだから、ガンガン営業してビシッと決めろ」

と言ったところ、真面目な顔で、

「ガンガンいってビシッと決めるって、どういうことですか？」

と質問されたそうです。そこで、もう、こういう言葉は通用しないと気づいたとのこと。

「手が空いたらやっておいてください」

「もっと丁寧な対応をしてね」

「もっと主体的な行動をしましょう」

「もっと誠意のある姿勢で取り組みましょう」

「もっと一生懸命やってほしい」

このような抽象的な表現を使うなら、その言葉をどのように認識しているのかというところまですり合わせることが、これまで以上に必要になってくるかもしれません。

時間軸を明確に伝え、具体的な行動ができる表現を使う

「時間」や「期限」に関することであれば、「早めに」「近いうちに」といった曖昧な表現を避け、「何分以内」「何日までに」と具体的に伝えましょう。

言われた側が、その通りの行動をとれるような表現を使うことが大切です。たとえば、次のような表現をしてしまった場合、受けとめ方が人によって異なってしまう可能性があります。

× 「この会議では主体的に参加しようよ」

まず、「主体的に」を誰でもわかるような表現に変える必要があります。

○ 「会議に参加をしたときは、かならずその会議のテーマやアジェンダに関わる意見を、そう考えた理由・根拠とともに発言してください。たとえば『自分の意見は○○です。なぜ、そう思うのかというと、こういう理由があるからです』。このように発言するか、せめて理由までは言えなくとも『○○と考えています』くらいは発言してほしい。それが、参加者としての義務ですよ」

ここまで具体的に伝えると、相手にもわかりやすく、伝わるようになるでしょう。

×「もう新入社員ではないのだから、もっとやる気を持って取り組んでね」

ここでは、何をもって「やる気がある」と判断するのか、人によって基準が異なることを忘れてはいけません。

○「指示されることを待っているだけではなく、自分から提案できるようになってほしいんだ。いままでは指示されたことをやってきたけれど、この1年経験を積んできてできることも増えたと思うので、たとえば、『わたしだったらこういうことができます』『こういうことはどうでしょうか？』というように、どんどん提案してほしいと思っているんだ」

このように、「やる気」という言葉を具体的な行動に言い換えて伝えることができれば、相手はどうすればいいのか明確にわかり、認識のズレも減っていくでしょう。

認識のズレを防ぐために相手はどうとらえたのかをすり合わせる

言われたことをどうとらえ、解釈するかは、人によって違う可能性があります。

ある企業でリーダーを務めるAさんは、同じ部署のメンバーに対して日頃から、

「業務は皆で協力して取り組み、手が空いたらお互いに手伝うようにしましょう」

と伝えていたとのことです。ところが後輩Bさんは、自身の仕事がひと段落してもほかのメンバーを手伝う様子も見られず、協力的ではないと思うことが度々見受けられました。そこであるとき思い切って、

「Bさん、もし担当業務がスムーズに終わることがあったら、Bさんにも同じチームの皆の仕事を手伝ってほしいと思っているんだ」

と伝えたところ、

「手伝おうと思う気持ちはありました。じつは、担当業務外のことを経験のない後輩の自分がどこまで手を出していいものか。どう声をかけていいのかと迷うことがあって……」

と言われ、はっとしたそうです。そのとき、手伝う気がないと決めつけて思ってしまった自分を反省し、

「手伝えるゆとりがあるときは、『手伝えることはありませんか？』と周囲に声をかけることからしてみてね」

と伝えて、ほかのメンバーにも共有したとのことでした。このように、勝手に「こうだ」と思い込むことなく、どうとらえたのかをすり合わせることも大切なことなのです。

6 伝える内容と態度の不一致は相手を戸惑わせる

「全然大変じゃないです」と口では言いながら、とても大変そうな人

コミュニケーションは、どのような言葉で伝えるのかということも重要ですが、それをどのような態度や表情で表現するのかということも重要なポイントです。

とくに対面で話をするときには、「伝えている内容と選んだ言葉」とそれを表現するそのときの「態度や表情」が一致していなければ、どう受けとめていいのか、相手は戸惑います。たとえば、

「○○さん、これ大丈夫？　大変じゃない？」

と聞いたときに、

「全然大変じゃないです」

と口では言いながら、表情や態度がとても大変そうな人の場合、

「……大丈夫じゃないよね？」

「これは頼んじゃいけなかったのかな」

「これ以上、任せてはいけないものかな」

と、相手に気をつかわせてしまいます。言っていることと、実際に表現していることが違う人を相手にしていると、まわりは本当にやりにくいものなのです。


「怒っていない」と言いながら、とても不機嫌そうな人

「怒っていない」と言いながら、怒っているように見える態度の人もいます。
Aさん「怒っている？」
Bさん「怒っていないから」（不機嫌そうに答える）
Aさん「いや、怒っているよね」

このように、言葉では「怒っていない」と言いながら、物を乱雑に扱ったり、音を立てて置いたり、不機嫌そうにパソコンのキーボードを叩いたりする行動は、まわりを萎縮させてしまいます。

「やっぱり怒っているよね……」

「すごく不機嫌そうだな……」

と、かえって相手に気をつかわせる分、いつまでも「察してほしい」という態度をとり続けていると、「やりにくい」と感じて、離れていく人も多くなってしまうでしょう。

「嫌われたくない」という思いの強い人は、言葉と表情が乖離している

笑顔のまま、叱ったり、NOと言ったりする人は、意外に多いものです。アサーティブ・コミュニケーションの研修でも、

「言いにくいことを笑顔で表現した経験がある人はいますか？」

と聞くと、20人中5～6人は手を挙げます。つまり、自覚があって笑顔で断り、叱り、怒ったりしている人は多いということです。自覚がある方々に対して、「なぜ笑顔になるので

しょうか？」と尋ねたところ、

「注意したり、叱るとき、相手にとっても耳の痛いことなので、少しでも柔らかく伝えられるといいかな、と思って」

「相手のお願い事を断るとき、悪く思われないように笑顔で伝えたほうが、感じよく伝わる気がして……」

というような回答が返ってくることが多々ありました。相手に悪く思われたくない、その場の雰囲気を悪くしたくない、という気持ちに起因していることが多いようです。

笑顔でいれば、場の雰囲気が和らぐというのも思い込み

「相手にとって耳の痛いこと、好ましくない内容であっても、笑顔でいれば、場の雰囲気が悪くならない」

これは、本当にそう言えるでしょうか？

冷静に考えてみると、笑顔でなかったら嫌われる、感じが悪く伝わるということはないとわかるはずです。むしろ、真剣な顔で、

「これはやめてほしい」
「これは改善してほしい」
「申し訳ありません、これは致しかねます」

と言ったほうが、相手に真剣さ、真意が伝わる可能性は高いでしょう。気づいていないだけで、じつは笑顔で言うことによるデメリットもあります。たとえば、注意したことが

「たいしたことではない」

と軽く思われてしまって、一向に改善されない。断ったはずなのに、

「本当は引き受けられる余裕はあるのでは？」

と思われ、さらにゴリ押しされてしまった……という事例もあります。

このように、言いにくいことも笑顔で言ったら丸くおさまる、よく思われる、というのは妄想です。むしろ、相手から見ると

「本心がどこにあるのかわからない。とってもやりにくい……」

と思わせてしまっている可能性もあるのだと知っておきたいですね。

言葉と行動を一致させると、コミュニケーションは円滑になる

拙著『コミュニケーション大百科』（かんき出版）でも紹介していますが、不一致の行動を起こしている人は、意外と多いものなのです。

無理なお願いを引き受けるときに、

●困った表情をしながら、「いや、大丈夫です！」と言う人

●少し怒りながら「大丈夫です」と言う人

このような態度をとると、本当に頼んでいいのだろうかと、かえって相手を戸惑わせ、気をつかわせてしまうことにつながります。

アサーティブ・コミュニケーションの考えでは、自分に正直に、いまどのように感じているのか、どんな思いで伝えているのかを、言葉と態度で表現するよう推奨しています。これが、コミュニケーションのズレを解消し、チームを円滑にしていく鍵となるでしょう。

まずは自分の言葉、表情、態度に不一致がないか見直してみませんか？

自分が思っていること、本当に伝えたいことと、相手から見た言動が一致していくことで、自分もまわりも、どんどんコミュニケーションがラクになっていくはずです。

ポイント

☑アサーティブには「言わない」という選択もある

- 言うか言わないかの選択は、後悔するか否かで判断
- 選択の決断を誰かのせいや、状況・環境のせいにしない
- 「言えない」と「言わない」は違う

☑何を伝えたいのか、ゴールを明確にすること

- 嫌われないこと、論破することをゴールにしない
- 書き出し、可視化することで明確になる
- 一番伝えたいことは何かを明らかにしてから伝える
- 「なぜ」「何のために」を明確にする

☑事実と主観を分ける

- ネガティブフィードバックをする際、思い込みや決めつけに注意
- 事実確認をし、相手の話を理解しつつの話し合いは信頼関係構築へとつながる

☑相手と共通認識を得られる言語を選ぶ

- 抽象的な曖昧な表現はすれ違いを生む
- 時間軸は明確に伝え、具体的な行動ができる表現を心がける

☑相手がどうとらえたかを確認する

- メッセージをどうとらえるかは人によって違う
- 決めつけず、相手とすり合わせる

☑伝える内容と態度の不一致がないように

- 不一致により、相手は戸惑うことがある
- 「耳の痛いことも笑顔で言えば感じよく伝わる」というのは妄想

第5章

ケース別対応例

1 攻撃的な相手に、どう伝えればいいか

強く出てくる相手に冷静に対処したいとき

本章では、困ったときにどのようにアサーティブな対応・表現をすればいいか、事例を紹介しながら解説します。

攻撃的な人にどう対応し、伝えればいいのかという相談は、世代を問わず数多く寄せられます。結論から言うと、短い文章で、核となるメッセージを繰り返し伝えていくのが有効です。

「○○で、□□なので、それで△△で……」

とこちらの前置きや文章自体が長くなると、

「だから何？」

と遮られてしまったり、イラッとした反応を返されてしまったりするでしょう。ですので、たとえば、

○「○○に関しては、△△のように思っています」
○「○○の理由で、申し訳ないのですが、お引き受けすることは難しいです」
このぐらい短い文章で、伝えたいことを言い切りましょう。

そのことに対して、相手がまた何かを主張して論破しようとするのであれば、

「申し訳ないのですが、これは難しいのです」

と繰り返し伝えていきましょう。

「強く攻撃してもこの人はぶれないな。これ以上強く言っても変わらない……難しい」

と相手に思ってもらうのが理想です。


攻撃的な人に突っ込まれる隙を減らしていく

攻撃的な人は、少し文章が長くなることで、突っ込みを入れてくる可能性が高くなります。ですから、先ほど解説したように、一番言いたいことにだけ的を絞って、短く、繰り返し何度も伝えたほうがいいでしょう。ひるんだり、おどおどして言いよどんだりすると、攻撃的な人からは余計に突っ込まれやすくなるため、態度にも注意が必要です。

毅然とした態度ではっきりと意思表示をしましょう。

〇「わたしは、〇〇については、△△のように考えています」

〇「これは、ぜひ進めたい案件です」

〇「現場にいるわたしの意見としては、〇〇のようにしたいのです」

〇「わたしが今回お伝えしたいことは、まずはやってみたいということです」

〇「まずは、わたしの業務の見直しをしてほしいということです」

短い言葉で端的に伝える練習をしておくことをおすすめします。

どうしても受け入れてもらえないときは、引き際を判断する

相手が攻撃的な場合、こちらの話を遮ってくることも考えられます。

相手が話をしていても、かまわず自分の持論だけをかぶせて言ってくることもあるでしょう。

そのときには、こちらが落ち着いて、

〇「まずは、最後までわたしの話を聞いてください」

とお願いしましょう。また、感情的に責めるようなことを言ってくる人もいます。

たとえば、何かお願い事をしたときに、

「こっちは忙しいんだから、無理に決まっているじゃないか！　なんでこちらの都合も考えないかな！」

と感情的に責めるような言い方をされる場合は、責める言葉には反応しないようにしつつ、

◯「そうですよね、たしかにいまは忙しいですよね」

と一度受け入れてから、

◯「どうしたらできるかについて、考えてみませんか？」

と解決方法に話を持っていくといいでしょう。

相手との関係性にもよりますが、これ以上は無理だと思ったときには、自分で引き際も見極めましょう。もしも思う通りの反応がなかったとしても、

「わたしが、◯◯だと思っていることは相手に伝えた」

というゴール設定を事前にしておくことで、自分のタイミングで「引く」という選択もで

きます。

どうしても行動してもらわなければいけないことについては、

○「どうしたらお引き受けいただけるのかを一緒に考えたいのです」

といったように、もう一押しする必要があるでしょう。

非主張的な人が攻撃的な人に伝えるときに準備すること

非主張的な人が攻撃的な人に何かを伝えたいとき、つい緊張してしどろもどろになり、結局言えずに終わってしまうことが多いものです。

話しかけにくいときは、事前に準備しておくことがおすすめです。方法には2段階あります。

まず第4章で紹介したように、伝えたいことをその都度言語化して、書き出して整理しておく。これが事前準備の1段階目です。とくに非主張的な人は、自分の考えを明確にできない傾向があるので、

- ○○をわかってほしい

●○○について□□してほしいと言いたい。それは△△だから……

といったように、言葉にして整理しておいたほうがいいでしょう。

2段階目では、用意したフレーズを言い慣れておくようにします。

非主張的タイプには、口ごもったり、長い話になったり、語尾が不明確だったりする人が多いので、「明確に端的に伝える」という成功経験がないというケースがよく見受けられます。でも、言い慣れていないフレーズですから、紙に書き出したとしても、急に言えるはずはありませんよね。

そのため、「声に出して言う」という、ひとりロールプレイング練習をおすすめしています。また、緊張していると、練習したことでも実践ですぐにスムーズには言えないものです。本番で緊張していても、自然と口から出てくるぐらい言い慣れておくようにしましょう。最初のうちはとくに、ひとりロールプレイングで何度か言う練習が必要なのです。

自動車の教習所でも、教習所内で練習をせずに一般道路を運転することはありませんよね。それはコミュニケーションも同じことです。

何度も練習をすればかならず言えるようになるでしょう。

実際、研修にてロールプレイング実習を3回ほど繰り返し取り組んでいくと、
「攻撃的な人に対面したときも、練習したことが言えるようになりました」
という報告をしてくださる人が増えていきます。焦らず取り組んでみてください。

自宅でできるロールプレイングを行う

ひとりでロールプレイングに取り組む際も、第4章で紹介したように、相手に伝えたいことをしっかりと書き出すところから始めましょう。

書き出したあとは、相手が言いそうな切り返し言葉を想像していきます。これを言ったら相手はなんと言ってくるのか、日頃、付き合っている相手であれば、なんとなくわかるはずです。

「〇〇と言い返してくるだろう」
「ここは突っ込まれてしまうだろう……」
「こんなところに反応してきそうだ」

このように想定される反応を予測して、どう切り返すかを考えていきましょう。

●非主張的な人が攻撃的な人に伝えるときの準備

①書き出す

・○○をわかってほしい

想定される反応を予測し、どう切り返すか

②言い慣れる

・声に出してひとりロールプレイング

研修では、相手のリアクションへの対応まで想像し、そのうえで伝えたいことを書き出して整理していきます。

でも、普段から考えを整理することに慣れていない人は「結局、何が言いたいのか」ということにたどり着くまで、かなりの時間がかかるでしょう。何回も繰り返していくうちに、長い時間をかけなくても整理できるようになっていくものなのです。

ただし、ここまで準備をしても、ロールプレイングで相手役の人を目の前にすると、まったく違うことを言ってしまう人もいます。ひとりで練習していても、言いたいことからずれてしまう場合は、書き出してまとめたものを何度も確認しながら、口に出すということを繰り返しましょう。

慣れるまではとても時間と労力がかかりますが、場数を踏み、言い慣れることで攻撃的な人を目の前にしたときにも、アサーティブな対応ができるようになる日がきます。トレーニングすればコミュニケーションのとり方は変えていけるものです。

最初は考えを整理することに時間がかかったとしても、すぐに効果が出なかったとしても、あきらめずに、自分のペースで練習を続けてみてください。

いきなり相手が攻撃的な批判をしてきたとき

突然攻撃的な人に批判されたことはないでしょうか?

取引先に依頼された資料を提出したら

「これでは話にならない! 本当に、何もわかってないね!」

と怒られたという人がいました。わたしたちにとって、批判はとても傷つくものですし、人によってはイラッとしたり、心を乱されたりするものでもあります。

では、実際に批判の矢が飛んできたら、どう対応するのが適切でしょうか。

まず、その矢を引っこ抜き、どこまでが事実で、どこまでが正当な批判と言えるものなのか、そしてどこからが違っているのかを俯瞰して分析してみることです。

「こんな資料ではダメ！」

「あなたは、指示したことを何もわかっていないよね！」

と感情的に言われたとき、どうしても聞き流せないと思うなら、その場で切り返すことができるのが理想です。でも、頭が真っ白になってしまって何も切り返しができなかったら、別のタイミングで伝えてもかまいません。

◯「先ほどご指摘いただいたことを考えてみました。お時間をいただけますでしょうか」

◯「依頼された通りにできなかったことについて、申し訳ありませんでした。ここは、どのように対応したらいいでしょうか？」

このように冷静に尋ねてみることで、攻撃に対して落ち着いて対応できるようになります。

「どう考えても言いすぎでは？　傷ついたし、そこまで言われたくないな」

と悶々としてしまうならば、こう伝えてみるのもいいでしょう。

○「『あなたは、何もわかっていない』と言われましたが、わたしなりに思考しながらやってきたつもりです。『何もわかっていない』という言葉は、すんなり受けとめることができませんでした。何もわかっていないとは思ってほしくないことをお伝えしたかったのです」

攻撃的な言い方をする人からの批判に対しては、動揺してしまうかと思います。すぐに反応ができないなら、落ち着いたタイミングでかまいません。攻撃的な人と対応するときの、コミュニケーションの表現方法のひとつとして、切り返すことも選択肢に入れておきましょう。

2 取引先からの無理なお願いを断るとき

断る理由と、代わりの提案を考える

取引先から無理な要望があったとき、どのように対処していますか？

関係性によっては、どうにかして引き受けることもあるかと思いますが、どうしても断らなくてはならないとき、大事なポイントは「なぜできないのか」という理由を明確にすることです。

仕事上の関係ならば、とくに相手が納得できるような、断りの理由を伝える必要があります。また、無理が発生するために断らなくてはいけない場合、どのような条件であれば引き受けられるのかという代替案も用意しましょう。

たとえば、今後も顧客として、長いお付き合いをしていきたいと思うのであれば、

○「○○の納期なら可能です」

○「ここまでであれば、対応できます」

と、別の提案をしていきましょう。代替案を出すことで、検討している姿勢を見せることができます。

相手が、できる限り寄り添おうとしてくれているということがわかれば、たとえ断ったとしても、印象が悪くなることはありません。

依頼について検討する際には、相手がこちらにお願いしている背景に心を寄せることも大切です。なぜこれほど難しい条件（納期や金額についてなど）になってしまったのか、相手の事情もさまざまなケースが考えられます。その点を確認するために、

◯「このような依頼になったご事情や背景についても、お聞かせいただけますか？」

と投げかけることも、ときには必要なのです。

無理なことを頻繁に言ってくる人との関係性を変えたいとき

たとえば取引先がこちらに対して、

「この人には（この会社には）、いろいろと無茶なことを言っても大丈夫」

と思っている場合、毎回当たり前のように対応するのが大変な要求をしてくることがあり

ます。この状況をどうにかしたいのであれば、次のように意思を伝えてみてください。

○「いままでは何とかお応えしたいと思い、ご希望に沿えるようにがんばってきました。とはいえ、こちらもかなり無理をしてきましたので、今後は○○のようにしてほしいのです」

一度こちらのスタンスを明確にする必要があります。不満を溜め込んで、

×「ここまで、どれだけ無理をしてきたと思っているのですか！」

と突然逆ギレをするのは逆効果です。大変だったという思いまでしっかり伝えたいのなら、

○「いままでは、○○様のご意向に沿いたい、協力したいと思って、こちらも負担を感じながらもここまではしてきました。でも、これ以上負担がかかることが続いてしまうと、非常に無理が生じることもわかっていただければありがたく思います。今後は、○○の条件（決めごと）に関してはお守りいただきたいのです」

と率直に伝えていきましょう。どんなに伝えづらい場合でも、相手に伝わるようにできること、できないことを明確に線引きすることが大切です。

3 権威ある人の発言を根拠に、意見を押し通してくる人への対応

権威ある人の発言に従うように言われたときも、自分の意見は言ってもいい

「社長がこう言っているから、それに従うものだよ」
「この役職者がこう言っているから、正しいに決まっているだろう」
「上司がこう言っているのだから、そんなことを言ってはダメだ」

権威者を盾にする発言を実際によく耳にします。
権威者の名前を出されると言いづらいと思う人もいると思いますが、このような人には、自分の意見を言ってしまっていいでしょう。

例1「社長がこう言っているから、それに従うものだよ」
↓「そうですね。たしかに社長が言っていることも一理あると思います。わたしはこうい

う意見もあるということだけわかってほしかったのですが、いかがでしょうか」

　こう伝えてみませんか？

例2「これが当たり前だ。常識だろう」
↓「このようなときは、〜するということですね。わたしにとって、こういうときはこれが当たり前という認識がなかったので、このように考えていました」
　こう伝えて、相手にも理解してもらうというスタンスで話すといいでしょう。

「伝わるように話す」というゴールは変えない

　相手の発言に、決めつけや思い込みと感じることがあっても、まずはいったん相手の意見を受けとめるようにしましょう。そのうえで、相手の言動に対して感じたことを自分が言うか言わないかを判断し、言うと決めたなら率直に伝えることが大切です。相手に対して、

「そう決めつけないでください」

　と責め立てるのは厳禁です。

●「伝わるように話す」には？

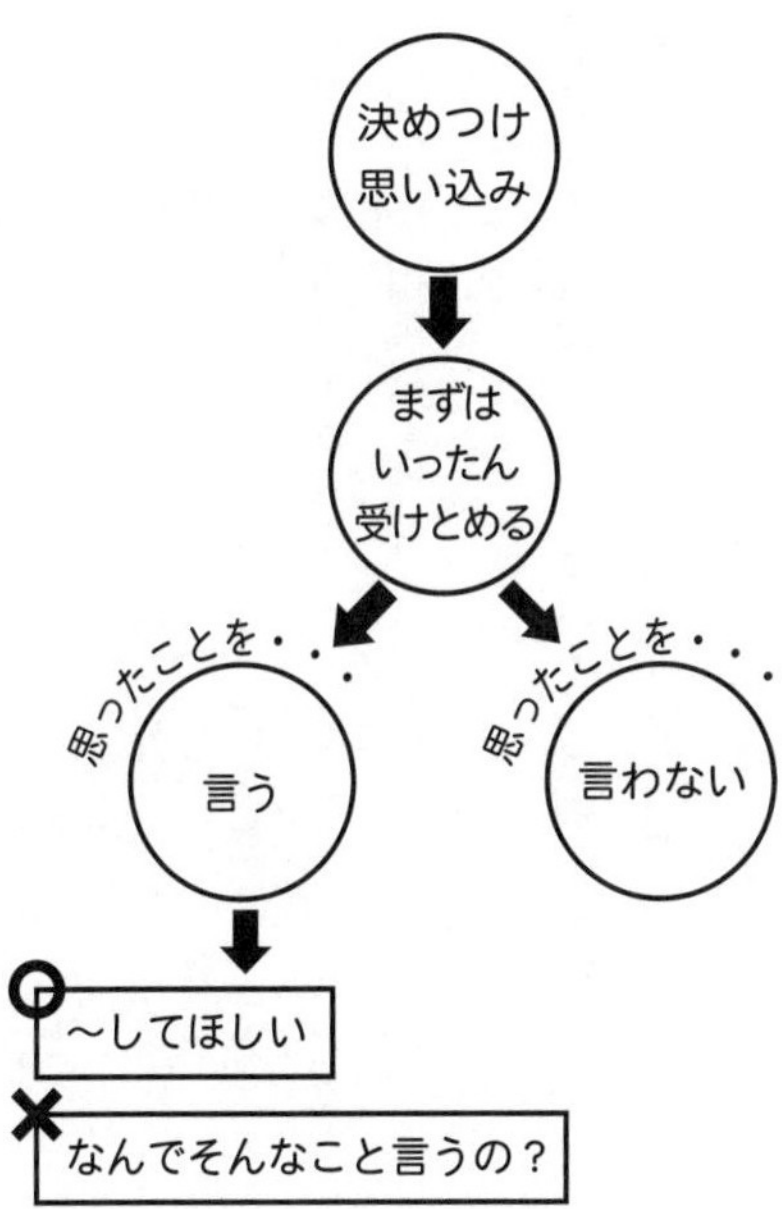

「〜とは限らないこともわかってほしい」

「こういう考えや意見があることを理解してほしい」

と、わかってもらえるように伝えてみてください。若手を対象にした研修でも、

「上司の言うことだから」

「社長の言うことだから」

という押しつけるような発言に対して、不満を感じている、モチベーションが下がるという声は多々耳にします。悶々と不満を抱えるだけで

はなく、相手の思い込みだと責めることなく、わかってほしい自分の考えや意見を伝えるという選択肢を持てると、建設的な話し合いができるようになるでしょう。

4 攻撃している自覚がない相手に応じるとき

主観ではなく事実を話す

自分が攻撃的だという自覚がない人と話す際に気をつけたいのは、まず、事実を共有することです。こちらの主観が入ってしまうと、

「そんなことは言っていない！」

「それは、あなたの主観ですよね！」

と相手が突っ込みを入れてくることが多いため、伝え方には注意しましょう。

自分の思い込みで話を切り出してしまっていることはありませんか？

改善に必要なことについてのみ、触れるようにしましょう。

（例）部下や同僚、上司に対しても厳しい言い方をしてしまう人へ注意をする場合

　企業で中間管理職を務めるDさんの部下が、同僚や後輩に対して、

「本当に、おまえは使えないな」

というように、とても乱暴な言い方をしたことがありました。先輩に対しても

「それは、無理ですよ」

「なんで、○○さんはこんなこともできないんですか⁉」

と、人が傷つくようなことを平気で言うので、「そこまで言わなくても」と発言すると、

「当然のことでしょう。向こうがいけないんじゃないですか！」

と返事が返ってくる……。Dさんは、どう言えばいいのかわからないと困っていました。

このようなタイプを相手にするときには、まず曖昧なことや主観で決めつけた表現はしないことが大切です。

×「○○さんは、同僚に厳しいことを言うよね」

×「いつも相手を傷つけるようなことを言っていることをわかっている？」

　このように言ってしまうと、

「厳しく言ったつもりはありませんが！」

「いつも……って。わたしが、いつも相手を傷つけるようなことを言っているというんですか？」

と応戦されてしまうでしょう。これは、「厳しいこと」「○○さんを傷つけることを言う」ということは、主観になってしまうからです。

そうならないために、このように伝えてみてください。

○「○○さん、お願いしたいことがあるのだけれど、□□のときに、『本当に、使えないな』『△△さん、こんなこともできないのですか！』という発言があったことは覚えている？」

まずは実際に相手がしていた発言を伝えて、事実を確認していきます。そして、

○「一緒に働いているメンバーもさすがに気にしてしまったり、きついと思ってしまう人がいるのも事実だから、そんな言葉は言わないでほしい」

○「せめて、『○○のように動いてくれないかな』としてほしいことをお願いするような言い方をしてほしい」

こう伝えていくのがいいでしょう。

周囲に対して攻撃的な態度をとる人のなかには、自分に落ち度がある、ダメだと言われることで、過剰に反応する人がいます。逆ギレをしてくる人もいるでしょう。

「だって、あの人が本当に仕事ができないから！」

と、誰かのせいにすることもあります。そういう場合も冷静に、

○「●●の発言があったことが気になった。今後は□□のようにしてほしい。同じ部署で働くチームの一員だからこそお願いをしたい」

というように事実を伝え、誰かのせいにしたことは責めず、今後してほしいことについて伝えましょう。

相手を責めずに要望を伝える

攻撃的なタイプに対しては、責めるように言ってしまうと、かえってムキになってくることも多いので要注意です。

×「○○がこんなふうに言うから、皆が傷つくんだ」

×「皆があなたのことを○○と言っている」

という表現は避けて話しましょう。

事実を確認して、実際に言ったことや行動したことを伝え、

●今後はこうしてほしい

●それは何のためか

ということだけ明確に伝えるのがポイントです。エスカレートしないためには、ただこちらの意見を伝えるだけでなく、

○「そういうふうに言うからには、○○さんにも言い分はあるよね」

と、相手の思っていることも聞いてあげる配慮も必要です。そうすると、

「あの人の仕事が遅い。同じことを何回もやらせる」

といった不満が出てくることもあります。

そのような相手の言い分も聞いたあとに、

○「そのようなことがあったから、あの言葉やあの態度になったんだね。とはいえ、一緒に仕事をしていくためには、うまく伝えないと○○さんの仕事もスムーズにいか

なくなることがわかるよね。だから、さっき言ったような言葉は使わずに仕事をしていけないかな」

と伝えていきます。

あまり長くやりとりをすると、また何かを言ってくることがあるので、

○「こういうことをわかってほしいということだからね」

○「今回の話は、このことを伝えたかっただけだからね。あとはよろしくね」

と終わりにしましょう。

相手の事情も聞く必要があるので、時間は5～10分程度を目安にして、それ以上は時間をかけないように、うまく切り上げましょう。

自分の責任ではないことを押しつけられたとき

わたし自身にも経験があることですが、仕事をしていると、

「君が、○○をしたんだろう！　君が○○を確認しておかないからだ！」

というような、避けられないもらい事故のようなことが起こる場合もあります。

そんなときには、

◯「誤解があるかもしれないので、まずは、事実の確認をさせてください」

◯「じつは、わたしが任されたことではないので、まずは確認させてください」

と伝えましょう。

ここでいきなり、「わたしではありません！」とキレてしまうと、相手もカチンとくることが想像できますね。その場で、

「わたしのせいにしないでください」

と言うことで、喧嘩に発展してしまうこともあるのです。

◯「これはわたしが任されたことではなく、○○に□□までしてくださいと言われています」

◯「わたしはどうしたらいいでしょうか。何ができますか？」

と冷静に伝えていきましょう。

このようなときほど、伝え方には気をつけていきたいところです。

●攻撃的なタイプの人への伝え方

責める言い方

・「○○がこんなふうに言うから、
皆が傷つくんだ」
・「皆があなたのことを○○と言っている」
↓
かえってムキになるので要注意！！

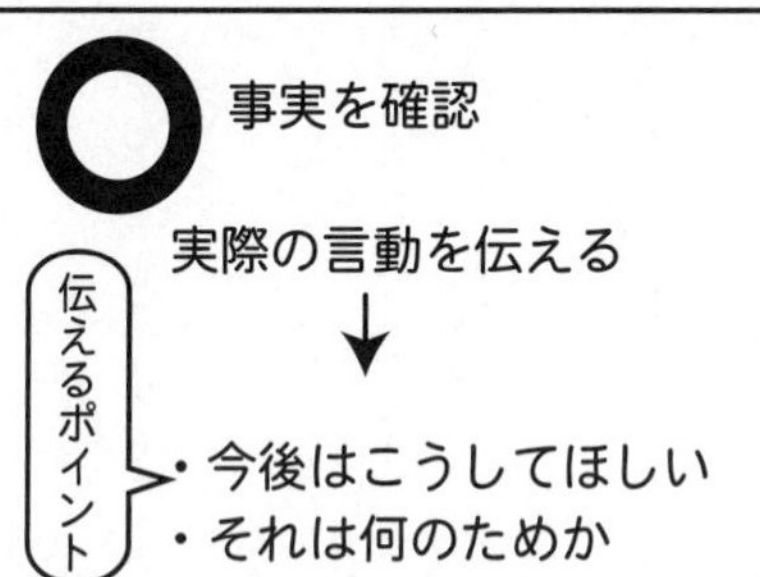

5 攻撃的な人と対話をするとき

攻撃的な人の話を聞くときのポイント

攻撃的なものの言い方をする人には、「自分の言いたいことを認めてほしい」という欲求が強い傾向が見受けられます。

こういったタイプの人と話すときには、第2章でもお伝えしましたが、相手が言ったことを一度受けとめるようにしましょう。

○「そうか、そんなふうに思ったんですね」
○「そう感じたんですね」

という言葉で伝えていきます。

「そちらがやるべきことですよね！」

と言われたら、

○「わたしの役割だと思われていたのですね」

と、一度は受けとめる反応をすることが大切です。もしも、

×「それは違います！」

とこちらが、戦闘モードに入ってしまうと、相手も

「いいから、黙れ！」

と激昂してくることも……。

○「○○ということを言いたいのですね」

○「○○と思われたのですね」

とワンクッションを置いて伝えるように心がけましょう。そのあとに、

○「詳しく教えてください」

○「背景を聞いてもいいですか？」

と相手の意図を聞き出しながら、言いくるめられないように

○「○○は同意できますが、□□については、わたしは△△だと思います」

と、同意や理解した点と主張したい点を分けて話すようにしましょう。

攻撃的な人に対して、しないほうがいいことについて注意するとき

相手がどのようなタイプであっても、「戦う」というスタンスをとらないようにしましょう。相手が威圧的に出てくると、こちら側もムキになってしまうことがあるかもしれませんが、ここはぐっとこらえたいところです。

こちらが戦闘態勢になってしまうと、相手も言い負かそう、論破しようとしてくるので、お互いに戦おうとしないスタンスをとったほうがいいのです。

少しでも心のなかで、「はぁ?」と思っていると、その気持ちが表情や言葉に出てしまったりすることもあります。そうすると、相手から

「そんな態度をとるなんて、失礼じゃないか!」

と突っ込まれてしまう可能性もあるので気をつけましょう。また、

「ですが……」

と否定的な言葉を使ったことで、

「いいから、聞けよ!」

と言い負かされてしまう場合も多く、あとで悶々とすることになってしまったり、怒りが

わいてきたりしたというケースもよく耳にします。こういったことを避けるためにも、自分も相手も戦闘態勢にならない注意が必要なのです。

受身的攻撃をしてくる相手が辞めたいと言ってきたとき

受身的攻撃をする人には、基本的に「人のせいにする」という特徴があります。何か不満があって会社を辞めるときも、本当は自分に何らかの問題があって辞めるのに、それを認めずに人のせいにしてしまうのです。それだけでなく、

「あなたが原因だよ」

「あなたがわたしにちゃんと教えてくれなかったから……」

とにおわせて辞めるという一種の攻撃をする人も少なくありません。

辞めることで、その人が行うはずだった仕事をほかの人が担当しなければいけなくなるわけですが、迷惑をかけてしまうことを自分のせいだと思わせないために、

「わたしが辞めるのは自分の都合ではなくて、あなたもいけないんですよ」

と感じさせようとする目的もあります。まわりの人たちが、こういったことを一つひとつ

真面目に受けとめていたら、大きな負担になってしまうでしょう。

受身的攻撃をする人が辞める場合は、たとえ迷惑のかかることがあっても……

①「わかりました」と一度受けとめる

②　相手の主張が事実と違うところに対しては、「それは勘違いだよ」と伝える

この2点に気をつけたら、それ以降は相手と議論をするよりも、辞めても支障が出ないように粛々と取り組み、まわりの人たちとチームワークを強化するほうが得策です。

受身的攻撃に惑わされないようにする

受身的攻撃の対応は厄介です。

ただ、攻撃をされたとしても、チームを建設的な場にしていきたいものですよね。

「なぜこんなタイミングで、こんなことをするのだろう？」

「どうしてここまでのことをされなければいけないのだろう？」

と腹立たしい気持ちをいつまでも抱えていると、こちらがストレスを感じてしまいます。

そもそも、相手は迷惑をかけることを目的としているので、煩わせることでしめしめと思っ

ています。

ですから、心がけたいのは、相手の術にはまらないこと。

「あなたが言っているこのこと、これは事実とは違う」

と、相手に訂正をしたうえで、

「この人を抜きにして、こちらは粛々とこの先のことを考えた計画を立てよう」

「大丈夫。わたしたちに何の影響もない」

と気持ちを切り替えて進めてください。

こうとらえることで、結果的にほかの人で穴を埋められるぐらいのパフォーマンスが発揮されたという実例もあります。結果的に、いい方向に向かい、

「いなくなってよかったのかも！」

という流れになることが多いでしょう。

どこまで相手に伝えるかの線引きが必要

受身的攻撃をする人が仕事関係者のなかにいる場合、ちょっと思い出してみてください。

年末の仕事納めの日や繁忙期といった、負担や迷惑がかかりやすい時期に問題行動を起こしているということはないでしょうか？

このタイプの人は、相手を困らせることを目的としているため、もちろん問題を起こすタイミングにも気づかいはありません。たとえ無意識だとしても、とくに周囲を困らせる時期を選んでしまうのでしょう。それでも、本人は自分のせいではなく、人のせいにしてしまうのです。

普段はいい人だと思っていた分だけ、こういった側面を見せられたときに愕然とすることもあるかもしれません。このようなことが起きたときに、「これはダメ」ということをどこまで相手に言うのか、または言わないのかを適切に判断することはとても重要です。

この行動はやめてほしいということがあれば、伝えたほうがいいでしょう。ただし、

×「それは嘘だよね。あなたは、意図的にこのタイミングを選んでいるよね」

といったことまで言ってしまうと、逆上されたり、勝手に恨みを募らせてさらに嫌がらせのような行為をされたりする可能性もあります。

変にこじらせて揉めたくないときには、「もういなくなるから言わない」という選択をす

ることも、賢明な判断かもしれません。

「かまって行動」をしてくる相手と向き合うとき

「あれができない、これができない」と言って相手の時間を奪ったり、何が言いたいのかわからないまま、相手の時間を延々と奪う人がいます。

これは、一見非主張的なタイプに見えますが、じつはとても独断的な性格の持ち主です。膨大な時間を相手から奪っても、本人はまったく気にしていません。

自分がとても悩んでいることを引き合いにして、保護してもらおうとする依存的な人や、わざと心配をかけるようなことをして、自分に注意を向けさせようとする人もいます。これらのタイプは、思っている以上に組織に多くいます。心当たりはありませんか？

総じて、優しくて面倒をみてくれそうな人に寄りかかるのが特徴です。

以前、こんな相談を受けたことがあります。

仕事で業務委託をしている相手が、約束の時間や納期を守らない。何かを頼んでもできない理由ばかりを言われて、「しょうがないな」と世話を焼いたことで、それが続いていると

のこと。なぜそれにずっと付き合っているのかを尋ねると、

「彼女も大変なのよ。いろいろな仕事のことやパートナーと別れてかわいそうで……」

と返答がありました。

依存して世話を焼かせる人と、どう付き合うかは、個々人の判断の自由です。

「仕方がない。わたしがいないとこの人はダメだ」

とお世話をする関係を選択するのも自由なのです。この例の人のように、

「かまうことによって、その人の役に立てたと思える」

と肯定的に受けとめているタイプの人もいます。

身近に「かまって行動」をする人がいる場合には、どこまでならOKにするのか、見直してみてください。自分の生活や仕事に、さまざまな支障をきたすようであれば、どこまではOKで、どこからはNGなのか、線を引いておいたほうがいいでしょう。


線引きをして、できないことは「できない」と言う

「かまって行動」をしてくる相手に対して、OKとNGの境界線を引けたら、

「ここまではできるけれど、ここからはできないよ」

ということを相手に伝えます。そして、一度引いた線はずらさないようにしてください。ぶれてしまうと、相手の甘えの気持ちが増長してしまうからです。

ただ、非主張的なタイプの人は、「かまって行動」をする人に対して、できないと告げることに罪悪感を持ちやすいものです。突き放すこと＝悪いことだと感じている人も多くいます。でも、負担を感じたり、我慢をしたりしなくてはいけないことが増えたときに、

「これ以上は、自分にはできない範囲です」

と伝えることは、本来、悪いことでも罪なことでもありません。

無理をしてストレスがかかる関係は、いずれにしても長くは続かなくなってしまうものです。自分の気持ちを優先しましょう。

6 非主張的な相手に言いにくいことを伝えるとき

相手に負担がかかることを依頼するとき

非主張的な傾向のある相手に、負担がかかることを依頼するときは、

○「お願いしたいことがあるんだ。もしかしたら、○○さんに負担がかかることが考えられるから、ここまではできる、ここからは無理そうと思うことを聞かせてくれないかな」

といった伝え方をしましょう。非主張的な人は、たとえ受けるのが難しいときでも「NO」と言いにくい人が多いのです。

ですから、相手が言いやすいように、

○「ここまではできる。ここから先は相談が必要。負担が大きいかなと思うことを聞かせてほしい」

と投げかけをするといいでしょう。そうすると、相手も

「ここまではできそうで、ここからは相談が必要で、負担だと感じています」と返しやすくなります。このタイプには

「聞かせてくれないかな？」

という姿勢でいることが不可欠です。すり合わせをしながら、これができる、これができないということを明確にしていきましょう。

相手のペースに合わせて話す

せっかちで、相手の言葉を待てない人は、すぐに言葉を荒げてしまいがちなので、このタイプの人と対峙するときには、端的に伝える工夫をしましょう。

相手が非主張的な表現をする傾向があるならば、相手よりもこちらの話すペースが速かったり、語調が強かったりすると、相手を焦らせてしまうことも……。相手が話せる間もつくりつつ、相手の話すペースに合わせ、語調が強くならないように、声が大きくなりすぎないように心がけましょう。

とくに役職に就いている人は、ポジションパワーが加わりますから、相手にプレッシャー

を与えてしまうことも考えられます。より気をつける必要があるでしょう。

研修でロールプレイング実習をすると、無意識に出ているクセがわかります。たとえば、次のようなクセは管理職の人たちによく見受けられます。

- 眉間にシワが寄っていて顔が怖い
- いきなり腕組みをする

これらは、威圧感を与えるので控えましょう。

- 理詰めになってしまう
- 「なんで？　なんで？」と繰り返す
- 相手の話を遮り、かぶせる

これらは、攻撃的な態度にあたるコミュニケーションの表現です。もし心当たりがあるなら、改善するようにしましょう。

非主張的な人はもともと、「NO」と言いにくい人が多いので、言いにくいことを伝えるときは、より伝える内容や態度などにも気を配りたいものです。

7 繊細な人に注意を促すとき

ゆっくり、穏やかに相手のペースを待ちながら伝える

相手が繊細なタイプの場合、何かを伝えるときに苦慮する管理職の人は多いのではないでしょうか。

繊細な人・HSP（生まれつき非常に感受性が強く、敏感な気質を持った人）の場合、注意や叱るといったネガティブフィードバックと呼ばれるものを、必要以上に気にしてしまい、落ち込んでしまう傾向があります。

声が大きい、語調がきついと感じるだけで、責められたと思ってしまう人もいます。落ち着いた口調で、穏やかに、声も大きくならないように、

○「○○についてなのだけれど、今後、□□のようにしてほしいと思っています」

と、伝えていきましょう。それ以外にも、一度にいろいろなことを伝えると混乱する人もいるので、要点をひとつに絞るのもポイントです。

×「これがいけない」

という注意する言い方ではなく、

○「○○を□□のように直してほしい」

というリクエスト（要望）として伝えるといいでしょう。もし期限や期日を守らない、ミスが多いという場合であれば、

○「○○さん、仕事の期限についてのことなんだ。こういうところのミスがみられるから、見直しをして□□のように取り組んでほしい」

○「いま約束している期日について、進捗が遅れ気味だから、○月○日までの期日に間に合うようにしてほしいんだ。遅れそうな事情があるのなら遠慮なく教えて」

といったように、ゆっくり、間を持って言うようにしましょう。

相手の理解を待つ時間を持たなければ、考えがまとまらないこともあります。繊細な人の場合には、こちらが尋ねてから、相手が返答するまでの間を待ってあげる姿勢も必要なのです。

表情で誤解を生まないように気を配る

繊細で感受性の強い人とやりとりするときには、言葉だけでなく、顔の表情にも注意が必要です。たとえば、以前こんなケースを聞きました。

「○○さん、これについて、今後どうしたいと思う？」

と聞いたときに、相手が戸惑った表情をしているのが気になって

「言いよどんだ気がしたけれど、どうしたの？」

と尋ねたところ、

「『何を言っているんだ』という顔をされて戸惑ってしまったんです」

と言われたのだそうです。振り返ってみたところ、このやりとりの前に、相手から想像もしない回答を受けたため、それを受けとめようと考えていた表情が、相手には「何を言っているんだという顔」として映ってしまっていたようです。

相手からこの言葉が出てくるまでにも、長く時間がかかっていたとのこと。

待てない人は、3秒でもとても長く感じるものですが、相手が考えているような表情や、上を向いたり下を向いたりする素振りをしたら、20～30秒ぐらいは話を待ってあげてくださ

い。

待っている側からすると30秒は長く感じるものですが、できれば、

○「まとまっていなくてもいいよ」

○「思ったことを口に出していいんだよ」

と伝えながら待ちましょう。その間、凝視してしまうと相手は緊張してしまいます。オンラインであれば、相手と目を合わせないように、下を向いたり、違うほうを向いたりして相手がプレッシャーに感じてしまうことを避けるといいですね。

非主張的な人に対して、したほうがいいこと、しないほうがいいこと

相手に何か注意をしたあとは、フォローも大切です。

○「これから先も一緒にしていきたいから、話せてよかった」

○「これからもよろしくね」

と伝えておくことで、繊細な相手に安心してもらうことができます。

非主張的なタイプのなかには、警戒心が強く、簡単に心を開かない人もいます。

ですから、対峙する際の心構えとして、急がない、焦らないという気持ちが必要なのです。1回で関係を築こうとしすぎないことも大切です。

心を開いてもらうためには、こちら側から自己開示をするのもいいでしょう。

○「わたしも、そんなことがあったよ」

○「言いにくいことは、わたしだってあるよ」

というように、先に自己開示することで、相手も話しやすい関係性をつくっていくことができます。そのほか、一方的に話をしてしまうと、相手が言うタイミングをつかめなくなってしまうことも……。話すペースが速いと、相手が意見を言う間がなくなってしまうため、一方的に、早口でまくし立てないようにしましょう。

こちらが、少しでも焦ったり、イラついたりする素振りを見せることも避けたいものです。変な意味に読み取られないように、表情にも気をつける必要があります。

たとえば、目線が下を向いている状態で、「ん～」と考え事をする表情も、誤解を与えてしまうことがあるので注意しましょう。顔が見えているときには、穏やかな表情でいることを心がけてください。

上司から「で？」と聞かれることをプレッシャーに感じているという人から相談を受けたことがあります。「で？」と何度も聞かれると、何も言えなくなってしまう人もいるので、自分の口グセにも気をつけたいところです。

8 非主張的な自己表現を改善する

非主張的な表現をしがちな人が意見を言うとき

非主張的な表現をしがちな人は遠回しに言ったり、長文でまわりくどくなったりして、相手に意味が伝わらないということが多々あります。何度も確認し直さなくてはならない分、聞き手はだんだんイライラして話を遮ることもあるでしょう。そうなると、焦ってしどろもどろになり、余計に言いたいことが伝わらなくなる人もいます。

また何度も話を繰り返して、うまく言えないときに、笑ってごまかそうとする人もいますが、相手にはヘラヘラして見える分、余計に苛立たせてしまいます。このようなことを回避するには、次のことを意識して取り組むことで改善されるので、日頃から実践してみませんか？

自分が非主張的タイプだという自覚があるときに、心がけるようにしたほうがいいことは、次の3点です。

- 大事なことを話さなくてはいけないとき、事前の準備をする（書き出す、言い慣れる練習）
- 話すときは、冗長にならず、簡潔に伝えられるように練習をする
- 要点を整理して、短い文章で話す練習をする

おどおどして言葉が出てこない、噛んでしまう、ごまかし笑いをしてしまうことも少なくなっていくでしょう。

ロールプレイング実習で、非主張的タイプの人を見ていると、最後の語尾の「です」「ます」まで言わず、「〇〇で□□なので……」とまわりくどく話が長く続いてしまうことも多いので気をつけましょう。

非主張的な傾向を改善したいときは、姿勢や態度から改善するのも◎

非主張的だという自覚がある場合には、言葉の改善だけでなく、態度面から改善していくのも有効です。

たとえば目線。大切なことを言うシーンで目をそらしたり、考え事をしているときに目が上や下を向いてしまったりする人もいるのですが、一番言いたいことを言うときに、相手の目を見ることは、説得力も加わり、わかってほしいという思いも伝わりやすくなります。

「こう思っている。これがしたい。これは難しいです」

といった、一番伝えたいフレーズを言葉にするときこそ、目線が合うようにしていきましょう。

身体のどこかを揺らす落ち着きのない人や、背中が丸まっている人も、姿勢を見直しましょう。落ち着きがないとそちらが気になり、話に集中してもらえなくなることもあります し、堂々と話しているように見えるような姿勢も大事です。

オンラインであれば、画面に映る顔が遠くなってしまいがちな人は表情もわかるようにする、背筋を伸ばしてみる、といったところから改善するといいですね。

9「でも」「だって」「どうせ」が口グセの人と対峙するとき

できない理由を前面に押し出す人には建設的な話へリードする

引き受ける自信がなく、できない理由を並べる人もいます。

「できない」と言うことは、できるかどうか不安な気持ちもあるでしょうが、余計な恥をかきたくない、大変な思いをしたくない、といった自己防衛の気持ちからきている面も考えられます。

「どうせ……」

「でも、わたしは」

「だって、そんなことはしたことがありません」

このような言葉が出てくるときには、

○「まずは、○○さんにお願いしたいこと、わかってもらいたいことを伝えたい」

○「どうしたらこれが引き受けられるのかという話し合いを、○○さんとしたいと思っている」

このように、話を切り返していきましょう。こちらから、建設的な話へリードしていくことが不可欠です。そのために、

「そんなふうに思ってしまう理由は何だろう？」

と聞くこともおすすめです。

◯「そうだよね。経験がないから不安だよね。そんなふうに感じちゃったんだよね」

と理解を示しながら、相手の気持ちを深掘りしていきます。そのほかにも、

◯「経験がないから不安だよね。できるようにするためには、何ができるか考えていかない？　わたしができることは言ってね」

このように伝えることも有効です。もしかしたら、途中で、イラッとすることもあるかもしれませんが、できるかぎり、相手にそれを感じさせないようにしたいところです。

自分の意見に対して「でも」「だって」を繰り返し言われたとき

「でも」「だって」が口グセの人の場合、相手の意見を跳ね返したい気持ちのあらわれであ

ることが考えられます。これも攻撃的なコミュニケーションのひとつなのです。

攻撃的に返してくる相手の場合、言い争いになることを避けることも方法のひとつですが、もし議論ができる人の場合には、適切な投げかけをすることで、行動の改善につながるケースもあります。

たとえば、以前こんな事例がありました。

人と話をするときに、「でも」「だって」という言葉が出てくる人に対して、

「〜さん、口グセに気づいていますか？」

と直接投げかけ、それまで話をしていた「でも」「だって」というやりとりを再現して伝えたところ、相手はハッとして、自分の口グセに気づいたのです。

そうして自分のクセを理解してもらったあとに、

「このような切り返しをされると、対話にならないような気がするんだ。対話や議論をしていきたいから、一度『そっか』『そういう考えね』という受けとめ方をしてもらえると、こちら側も●●さんの話を受けとめやすくなるのだけど、どうかな？」

と提案して伝えたところ、相手からは反論や攻撃的な反応はなく、自然と納得してもらう

ことができました。

「でも」や「だって」が口グセになっているような攻撃的なタイプの人の場合でも、「この人なら通じるかな？」

と思える相手には、アプローチをしてみてください。

また、「でも」「だって」を繰り返す人と仕事を進めていかなくてはいけない、避けられないという場面もあるでしょう。そんなときは、

◯「まずは、どうしたらうまく解決するか、どうしたらまとまるかという視点でいてもらえませんか？」

と伝えて、動いてもらえるように働きかけていきましょう。

その際、先ほどの事例のようにその人の態度を事実として冷静に伝えることが有効な場合もあります。

言い争いにならないように、これらのことを念頭に置いて対応してみてください。

10 クレームを伝えるとき、クレームを言われたとき

クレームを伝えなくてはいけないときに注意する3つのポイント

クレームを言うということは、解決を求めているということです。

こちら側が相手にクレームを伝える際には、「現状・気持ち・要望」という3点を意識するといいでしょう。

① まず、現状で何が起きているのかを伝える

- ○○のようなことがあったから、わたしは不満を抱えている
- ○○を不快に思った
- 納期が遅れている
- お願いした商品に欠陥がある
- 従業員に○○な対応をされてしまった

……このような不満足な要因や不快な出来事について、事実のみ伝えていきます。

②　困ったことが起こったときの気持ち、感じたことを伝える

- そのときにとても困った
- 商品が届かなくてとても心配した、不安だった

③　どうしてほしいのかの要望を話す

- 今後はこのように対応してほしい
- これからは、納期に遅れないようにしてほしい。もし遅れてしまう場合はこのようにしてください

以上のような3つの流れで伝えるのが有効です。

感情的になると、何を言っているのかわからなくなってしまうので、伝えたいことを整理して、「相手に伝わるように話す」ことを意識しましょう。

感情に任せて相手に要求をぶつけてはいけない

感情的になった結果、思いがけず言いすぎてしまったことはありませんか？

怒りに任せてクレームを言った結果、カスタマーハラスメントにあたる、過剰な要求になってしまうケースもあります。

カスタマーハラスメントとは、近年問題になってきている行為で、消費者や客の立場を利用して、企業に対して理不尽な要求をすることを言います。たとえば、次のような言動をする人は、注意が必要です。

- とにかく「土下座をしろ、慰謝料を払え」というような過剰な要求をする人
- 人格を否定することを言ってしまう人
- 相手を理詰めで追い詰めてしまう人

これらのタイプの人は、場を荒らしてしまうので、話し合いが成立せず、解決の方向には向かいません。最悪の場合は、ブラックリストに入ってしまうこともあります。

もし不満に感じることが噴出しても、

「ここではそれが当たり前に起きているの？　なんでわたしにだけ起こったの？」

というような出口のない責め方をせず、正しく改善に向かうように、「現状・気持ち・要望」の3点を相手にわかりやすく伝えましょう。

攻撃的な人からクレームを受けたとき

一方、クレームを受ける立場になってしまった場合には、とにかく相手の感情の波に振り回されないことが大切です。相手が、感情的になったり、威圧的になったり、怒りを爆発させたりすると、こちらも冷静な判断ができなくなってしまいます。感情をぶつけられたら、まずは、

「この人は、いまどんな状況にあるのか？　何を要望しているのか？」

ということを冷静に判断しましょう。

そして、とても困っていたのか、不安だったのか、残念に思ってしまったのか、店員に大きな顔をされて不愉快だったのか……といった相手の感情面についても目を向けていく必要があります。

ここを把握できなければ問題の解決ができないため、丁寧に確認しましょう。対応する側

が相手の感情に揺さぶられておどおどしてしまったり、反対にイラッとしてしまったりすると、どんどん相手の要求を把握することが難しくなっていきます。

怒鳴りつけられて、動悸がとまらなくなったときには、まず自身の気持ちを落ち着けるようにしましょう。電話対応の場合なら、相手から顔を見られることがないので、一度ゆっくり深呼吸するのがおすすめです。

「わたしに対しての直接的な攻撃ではない」

と、言い聞かせるのもいいですね。お客様からのクレームの場合には、

「この人は組織に対して怒っている」

というように、橋渡し役、仲介役だと受けとめるようにすると、冷静に対処しやすくなります。

クレームに対する返答例

クレームを受けたら、何をゴールにするかを早いうちから設定することも大切なことです。

相手は何らかの不満を感じているわけですから、まず要望を把握しましょう。商品の交換をしてほしい、対応について今後はこのようにしてほしいという要望を持っている人もいれば、単に謝ってくれればいいと思っている人もいるので、一人ひとり丁寧に確認したいところです。相手からの要求のなかでも、できることとできないことがあるので、できることの範囲で、提案をしていきましょう。たとえば、過剰なクレームで

「その従業員を辞めさせろ！」
「謝罪文を書け！」
「何らかの保証金や慰謝料をよこせ！」

といったできない要求をされた場合には、

◯「申し訳ありません、～については、わたくしどもではいたしかねます。ご理解いただけませんでしょうか」

と真剣に率直に伝えたほうがいいでしょう。いつまでも「申し訳ございません」と謝罪ばかりを繰り返していると、「クレームを言ったこちらが悪いみたい……」と思わせてしまい、後味が悪くなることもあります。理解していただけた場合は、

〇「ご理解いただきまして、ありがとうございます。今後も何かあればお聞かせください。どうぞよろしくお願いいたします」

と感謝を伝え、今後の話、未来に向けての話にと持っていくようにしましょう。もし、納得いただけず、いつまでも怒っている状態であれば

〇「本当にこのたびは申し訳ありません。今後このようなことがないようにいたします。今後ともどうぞよろしくお願いいたします」

と改めてお詫びをしつつ、締めくくりましょう。

クレーム対応のゴールは、相手の機嫌をとることではない

どんなコミュニケーションスキルを使っても、相手の感情まではコントロールできません。

こちらが「こうします。〇〇します」といい提案ができたとしても、かならずしも相手の機嫌がよくなるとは限りません。

クレーム対応研修をしているときにも、

「わたしがここまでがんばって対応したのだから、機嫌よく受けとめてほしい」とクレームを言う相手に求める人もいますが、そううまくいくことばかりではありません。クレーム対応時には、

- こちら側ができることを行う
- 相手の機嫌をよくすることまではできないと割り切る

この2点を意識する必要があるのです。これは、相手がお客様のときだけでなく、上司や取引先の人の場合でも同じです。相手の機嫌を過剰に気にしている人も多く見受けられますが、割り切ることも求められます。

自分の気持ちに折り合いがつけられずに、不機嫌さを引きずってしまう人は多いものです。

友人関係や夫婦関係でも、ちょっとした喧嘩でも、すぐには仲直りはできないという人もいるでしょう。

感情にどう折り合いをつけるかどうかは本人の問題です。不機嫌さを引きずっているのは相手の問題ですから、相手の機嫌を完全によくするというゴールを設定する必要はありませ

ん。もし相手が取引先であったなら、機嫌をとるのではなく、次の機会に相手が不愉快にならないような、不満を感じないような対応をしていくといいでしょう。

11 相手の本音を引き出したいとき

今後も深い信頼関係を築くために、本音を引き出したいときは、

○「○○さんと、今後もパートナーとして仕事にともに取り組んでいきたいから、何か思っていることがあったら、正直に忌憚のない意見や考えを教えてほしい」

○「協力関係をつくりたいと思っているので、いったん腹を割って話したい」

と率直に伝えましょう。

何のために必要なことなのかも伝え、相手が緊張するようであれば、

「ざっくばらんにお茶でも飲みながら話そう」

と伝え、話をするのもいいでしょう。

オンラインで話をすることも随分増えましたが、オンライン上でも、お茶を飲んだり、お

菓子を食べたりしながら気軽にやりとりすることができます。

大切なことは対面で顔を見て話せたほうがいいところもありますが、そこは相手の事情も考慮すべきところでしょう。電話やオンラインなど、環境や時間については、相手の都合にも配慮して設定することが大切です。

○「いつだったら落ち着いて話せそう？」

○「いつがいい？　何時がいい？」

と尋ねておくことで、落ち着いて話す時間を確保してもらいやすくなります。

いつの時代でも変わらないことですが、相手と本音で話したいときは、話し合う時間をとることが不可欠なのです。

いまの時代は、これまでのように、業務に関わること以外を話す機会は持ちにくくなってきました。

本音を引き出す機会をうまくつくることも、伝え方、聴き方と同じくらい求められているコミュニケーションのスキルになっていくでしょう。

12 コミュニケーション面で相手の改善がみられないとき

自分の努力で何とかできるものかどうかを見極める

相手に改善がみられない場合は、その都度、「こうしてほしい」と相手に注意する必要があります。それでも何度もそういった態度を繰り返す人がいるでしょう。

そのようなときは、「これだけの繰り返しがある」という現状を確認して、これ以上繰り返すことは困ると伝える必要があります。

○「これ以上は困るよ。○○という弊害が起こっているのだから。取引先に迷惑をかけて、チームの結果に影響してしまうよ」

○「今後、一緒の職場で働いていくにあたって、改善してもらいたいと思っている。どうしたら改善できそうか一緒に考えていきたい」

このように、状況と周囲が受けている影響を伝え、打開策を検討しなければいけないと持ちかけましょう。実際に、現場では、能力的に解決が難しいケースの人も出てきます。

「もう無理だ……」と手を焼いてしまったことはないでしょうか？　これはアンガーマネジメントで使われている考え方ですが、かなり改善が困難な人に対峙するときには、「これは自分が何か行動することで変えられる（コントロールできる）範囲、これはどう考えても変えられない（コントロールできない）範囲」と線引きすることも、ときには必要です。

変えられない（コントロールできない）と判断した場合、チームとして、部署として、皆でカバーしていく方法を考えなければいけないでしょう。

ストレスを抱えないために割り切ることも必要

改善がみられない人と関わる場合、まわりから怒りが噴出することがあると思います。このようなときは、アンガーマネジメントと同様に、解決志向で策を練ったほうがいいでしょう。自分が何かを言ったり、コミュニケーションをとったりすることで何とかなると思うのなら、相手に伝えましょう。

何度言っても、何度働きかけてもどうにもならない相手や状況を前にして、

「なぜ改善しないのか？　なぜこんなことをするのか？」

と思い詰めても、現状は変わらないばかりか、怒りやストレスが溜まってしまうことも……。

「わたしが何かを言って働きかけたところで、どうにも変わらない……。何の変化も期待できない」

と心から感じてしまったら、思いきって

「これは難しい。解決は無理！」

と割り切るようにしましょう。すべての案件を１００％解決できる人はほぼ存在しません。何をしてもどうにもならないときには割り切る判断をすることも大切です。

自分がこれ以上のストレスを抱えないために、どう違うアクションをとったらいいのか、どう受けとめたらいいのかを見極めましょう。

13 よかれと思って言ったことが、相手を傷つけてしまったとき

何気ないひと言が相手を傷つけることも

自分の思い込みで、悪気なく相手を傷つけてしまうことは、起こってしまうものです。
ある企業のリーダー研修にて、休憩時間中に、3人のお子さんを育てながらフルタイム勤務で働く女性と話をしたときのこと。全員男の子で、7歳、5歳、3歳と、まだまだ手がかかる年齢だったため、思わず共感する気持ちで、わたしは
「3人の子育てをしながら仕事を続けているなんて、大変ですね！」
と言葉をかけました。
「そうなんですよ～。毎日大変です」
と相手から返ってくると思いきや、一瞬、ちょっと困ったような表情をしたのです。それが気になって
「何か変なことを言ってしまいましたか？」

と尋ねてみたところ、こんな返答がありました。

「たしかに大変なときもあります。ただ、大変という言葉を聞くと、素直に『そうですね』と言えない自分がいるんです。以前、子どもたちがいる前で『3人もいると大変ね』と声をかけられたとき、家に帰ってから長男に『ぼくたちがいることは、ママにとっては大変なことなの？』と悲しい顔で言われてしまったので……」

その話を聞いたとき、わたし自身もハッとしました。

このように、よかれと思って言ったとしても、じつは、相手にとっては嬉しくない言葉だったということは大いにあるものなのです。

相手の心の引っ掛かりに気づいたら、放置しない

どんなに気をつけていても、何気ない言葉が相手を傷つけてしまうことはあります。こちらがよかれと思って発した言葉も、どう受けとめるかは相手次第です。ですから、もし相手の反応が思わしくなかったとき、

○「何か気になることを言ってしまったかな？」

○「反応がつい気になってしまったのですが……、どうしましたか？」
と声をかけてみてください。相手が事情を話すかどうかは相手との関係性もあるとは思いますが、勇気を持って一歩踏み込んで声をかけてみるといいでしょう。

また、もし自分が気になることを言われたときには、率直にそのことを伝えられるように準備をしておくのがおすすめです。

ちなみに、先ほどの例の女性は、子どもたちがいる前で「大変ね」と言われたときは、「忙しいときもありますが、3人の子どもたちがいるおかげで、毎日が楽しくてしあわせです」

と返すようにしているとのことです。

一人ひとり考え方は違うものですから、よかれと思って伝えた言葉が相手を傷つけてしまうことは、ゼロにはできません。ただ、傷ついたとしてもはっきり言えない、非主張的な人もいるので、話しているときに、もし相手の反応で何か気になることがあれば、声をかけ、そのままにしないようにしましょう。

14 リモートワーク時でも深くコミュニケーションをとりたいとき

感情を伝えることも、必要な情報共有

これまでの章でも触れましたが、リモートワークを行う企業が増え、メールやチャットを使ったコミュニケーションが主流になってきました。

さまざまなツールが活用され、コミュニケーションをとるための工夫をしている話をよく耳にしますが、そこで交わされる内容は「必要な情報の共有だけ」と考えている人が多く、言葉に感情を乗せたり、感情をあらわす言葉を伝えることに躊躇している人が大勢います。

「この案件が終わりました」
「○○さんからこのことを聞きました」

このような、ホウレンソウに関わる内容を共有することはできても、自分が抱えている悩みや不安は伝えにくいようです。これは、リモートワークだからこその悩みかもしれませんね。

実際、ある企業の3年目の若手社員と話をしていたときに、こんな相談を受けました。

「依頼された仕事をこんなやり方でやっていいのか、この理解で合っているのか、不安な気持ちがあるのだけれど、不安であることや、困っているということを言っていいのか、チャットやメールに書いていいのかどうかがわからない」

このような声は、増えていく一方です。

「在宅で仕事をしているのですが、これをどうやって進めていいか、とても困っています」

「どういうタイミングで相談していいのかわからず、とても心細いのですが……」

じつはこういった内容こそ、リモートワークで働いている人はとくに意識して共有する必要があるのです。

新入社員研修でも、業務日報にはこの不安な気持ちのことを書けなかった……と涙ながらに相談されたこともありました。

不安な思いや心細さを抱えているのであれば、一緒に仕事をしているメンバーに、いち早く知らせたほうがいいでしょう。

感情的に言うことと、感情を伝えることはまったく違う

リモートワークの環境下では、一人ひとりの様子を見て、心の移り変わりに気づくことが難しくなっています。リーダーのなかには、「何かあったらいつでも言ってね」と伝えてもタイミングに気をつかうメンバーもいるので、相談OKの時間帯を周知しているという人もいます。自分がいま感じている困ったこと、不安なこと、心細いことを共有することを、チーム内の共通認識として広めておいたほうがいいでしょう。

ただ、ここで間違えたくないのは、「感情的に物を言う」ことと、「感情を伝える」ことはまったく違う、ということです。

「〇〇が不安」「△△で困っている」というように自分の感情を上手に伝えることは、どんな関係性同士であっても、心がけたい点です。

そうは言っても、会議のときに、ネガティブな話ばかりするのは、発展的な話ができなくなるのでおすすめしません。1対1のコミュニケーションの場所で交わすようにしましょう。

会議時の冒頭、グッド&ニューを披露し合う

雑談を交えたコミュニケーションは、人との関係性を築くうえで、とても大切な要素です。

リモートワークになって、雑談がなされなくなった弊害が出てきています。

そこで紹介したいのが、会議の冒頭でメンバーが「グッド&ニュー」を披露する方法です。研修のアイスブレイクでも行うことがあります。

「グッド&ニュー」では、言葉通り、参加している人たちがお互いに最近あったよかったことを話します。

- ここ一週間以内であった、よかったこと
- 最近、嬉しかったこと
- こんなことがあってラッキーだなと思ったこと
- 新しく知ったこと

などを自由に話してみてください。もしも参加人数が多い場合は、「今回はこの3人、次回はこの3人が発表してください」

とグループを分けるのもおすすめです。

話す内容は、仕事に関係のない些細なことでかまいません。

「昨日子どもが『ありがとう』と言ってくれたので、とても嬉しかった」

「最近○○を買って、とてもよかった」

「新しい洋服を買えて心が躍った」

「どこかのお店でおまけしてもらった」

このような、日常の些細なことをシェアしましょう。それをチームの皆で聞いて

「よかったね、おめでとう！」

「もっとそれについて教えて！」

と言い合う時間を持つことで、その人の普段見えなかった一面が垣間見えたりします。

趣味の話をしたときに、

「わたしもそれをやっているよ！」

と言ってくる人がいたら、そこで親近感が生まれることもあるでしょう。

話している内容が、いいことやよかったことなので、聞いている人は温かい気持ちにな

り、発言しやすい雰囲気になるという相乗効果があります。

いま、環境の変化で心理的負荷を抱え、心の不調を訴えたり、ストレスからくる蕁麻疹で皮膚科を受診する人もいると聞きます。これも、コロナが長期化している弊害かもしれません。

このようなことが背景にあるからこそ、アイスブレイクの時間を設けて、わいわいと嬉しい話を披露し合うことは、場を温めることにもとても有効ではないでしょうか。

ポイント

☑ **攻撃的な相手への対応**

- 短い文章で、言いたいことを端的に伝える
- 相手の感情的な言い方に過剰反応せず、いったん相手の発言を受けとめる
- 批判に対しては事実と主観を切り分けて対応する

☑ **非主張的な相手への対応**

- 焦らせないようにゆっくりと伝え、相手が話せる間をつくる
- 語調や声の大きさで威圧感を与えない。ポジションパワーがある人はとくに注意

☑ **受身的攻撃をする人への対応**

- 人のせいにする、迷惑行動をすることに惑わされない
- 指摘するときは事実をもとに

☑ **非主張的な表現を改善するために**

- 事前に伝えたいことを書き出し言い慣れる練習をする
- 冗長にならないように簡潔に、短い文章で伝える
- 背筋を伸ばし、大事なことを伝えるときはアイコンタクトを

☑ **クレームを伝える**

- 現状で何が起きているか、どうしてほしいのかという要望を伝える
- 感情的にはならず、気持ちや感じたことを言葉にする

☑ **クレームを受けたとき**

- 「組織とお客様の橋渡し役、仲介役」と受けとめる
- 謝り続けるより、相手の状況・要望・感情を把握し、最後は未来に向けての話にする
- ゴールは相手の機嫌をとることではない

☑ **改善が見られない人への対応**

- 自分が行動することで、変えられるか否かを見極める
- 「今後どうしたらいいのか」「できることは何か」を考え、解決志向で取り組む

おわりに

人間関係やコミュニケーションの課題は、いつの時代もなくならない、悩ましいものです。

でも、アサーティブ・コミュニケーションやアンガーマネジメントの考え方とスキルを身につけることで、抱えている課題に解決の糸口が見えてきます。

わたしは、約30年、研修や講演を通して多くの人の相談やトレーニングに携わり、

「人の表情はこんなにも変わるのか！」

というシーンを目の当たりにしてきました。気づきがあった瞬間に、ホッとした笑顔を浮かべたり、自信に満ちた表情になったり、なかには「やっと口に出せた」と涙ぐむ人も。

コミュニケーションのとり方がガラッと変化したことで、組織全体の風土が変わることにつながったという声もあがっています。

本書では、すぐに日常でもアサーティブ・コミュニケーションを取り入れていただけるように、実際に現場で見聞きした事例を紹介しているので、迷うシーンに遭遇したら、本書で

取り上げた対処法を、ぜひ試してみてください。

本書の執筆にあたり、改めて感謝をお伝えしたい人がたくさんいらっしゃいます。

まず、『アンガーマネジメント』（日経文庫）に引き続き、本書の執筆をご依頼くださった、日経BPの細谷和彦さん。10年以上にわたる出版のパートナーであり、今回は出産直後という状況のなか、伴走してくださった㈱サイラスコンサルティングの星野友絵さん。いつも背中を押してくださっている、日本アンガーマネジメント協会代表理事の安藤俊介さん。今回の出版についてご報告した際は、「アメリカのアンガーマネジメントトレーニングには、アサーティブ・コミュニケーションのトレーニングも含まれている」と改めて確認してくださり、ありがとうございました。

また、アンコンシャスバイアスについての相談に快くアドバイスをしてくださった、アンコンシャスバイアス研究所の守屋智敬さん、太田博子さん。そして親友の荒井弥栄さん。

皆様に改めて感謝申し上げます。

最後に、今回の執筆も応援してくれた夫と息子へ、いつもありがとう。

2022年7月

戸田　久実

参考文献

●『アンガーマネジメント入門』（安藤俊介著／朝日文庫）
●『「怒り」を上手にコントロールする技術 アンガーマネジメント実践講座』（安藤俊介著／ＰＨＰビジネス新書）
●『改訂版 アサーション・トレーニング―さわやかな〈自己表現〉のために』（平木典子著／金子書房）
●『気持ちが伝わる話しかた 自分も相手も心地いいアサーティブな表現術』（森田汐生著／主婦の友社）
●『「アンコンシャス・バイアス」マネジメント 最高のリーダーは自分を信じない』（守屋智敬著／かんき出版）
●『アンガーマネジメント』（拙著／日経文庫）

著者略歴

戸田 久実（とだ・くみ）

アドット・コミュニケーション株式会社代表取締役
一般社団法人日本アンガーマネジメント協会理事
アンガーマネジメントコンサルタント
一般社団法人アンコンシャスバイアス研究所認定トレーナー

立教大学卒業後、株式会社服部セイコー（現・セイコーホールディングス株式会社）勤務を経て研修講師に。銀行・生保・製薬・通信・総合商社など大手民間企業や官公庁で「伝わるコミュニケーション」をテーマに研修や講演を実施。1on1 のコンサルにも対応し、対象は新入社員から管理職、役員まで幅広い。講師歴は 29 年。
著書は『アンガーマネジメント』（日経文庫）『怒りの扱い方大全』（日本経済新聞出版）『アンガーマネジメント 怒らない伝え方』『アドラー流 たった 1 分で伝わる言い方』（以上かんき出版）など多数ある。

日経文庫

アサーティブ・コミュニケーション

2022 年 7 月 19 日　1 版 1 刷
2024 年 9 月 18 日　　　8 刷

著者　戸田久実
発行者　中川ヒロミ
発　行　株式会社日経 BP
日本経済新聞出版
発　売　株式会社日経 BP マーケティング
〒 105-8308　東京都港区虎ノ門 4-3-12

装幀　next door design
編集協力　星野 友絵（silas consulting）
組版　マーリンクレイン
印刷・製本　三松堂

　ISBN978-4-296-11451-1
Printed in Japan